母と娘の心理臨床

家族の世代間伝達を超えて

内田利広 著

金子書房

はじめに

　筆者がこの「母娘関係」に関心を持ち出したのは，いつごろからだったのか，はっきりと覚えていない。少なくとも，大学院の頃から家族関係，親子関係に関心を持ち，家族との面接，保護者との面接を行う中で，特にこの母親と娘の関係が，独特の関係性として浮かび上がってきたような気がする。

　そのような中で，筆者が今回本書を書きたいと思ったのは，この「母娘関係」というものに，何か不思議な魅力を感じていたからである。それはまた，男性である筆者には見えない世界のようでもあった。むしろ見えない世界であるがゆえに，興味を持ち，考えてみたくなったのかもしれない。

　本書の中で何回も出てくるこの母娘関係の難しさ，わかりにくさ，にどこか魅かれたところがあり，娘である中高生や不登校児童生徒の保護者との面接を通して，繰り返しこの母娘関係の難しさ，不思議さに直面してきた。そして，なにゆえみんな幸せを求めているのに，このように苦しまなければならないのか，と矛盾した状況に，常に疑問を抱いてきたのである。

　本書の最終的な目的は，母娘関係において，多くの娘たちが，また多くの母親たちが，日々苦しみ悩んでいる状況に対して，いかにしてその苦悩の状況から脱しえるか，のヒントを提示できればと願うものである。また，実際に心理臨床の場面でそのようなクライエントに接し，何とか支援の手を差し伸べようとする時に，どのような視点で方針を立て，介入していったらいいのだろうか，というセラピストに対し，少しでも面接の見通しが持てるような，理解の視点を提示することである。

　その際に，筆者は，母親あるいは娘のいずれか一方だけに変化を求めたり，我慢を求めたりするつもりはない。この母娘関係は，その関係性そのものが大きな可能性を秘めており，また人間の心の世界を理解する上では非常に重要なテーマであると考えている。つまり，人が成長し，生きていくとはどういうこ

とか，また家族とは何かという親と子の普遍的なテーマに示唆を与えるような心のダイナミズムを含んでいると考えている。

　この母娘関係を考えていく際に，本書ではいくつかの視点に着目した。

　まず一つ目は，ここ数十年で起こってきている女性の生き方の変化である。女性の社会進出や高学歴化，男女共同参画，さらに高齢化に伴う親の介護や核家族化，少子化による家族形態の変化があり，このような社会状況や女性を取り巻く環境が大きく変化してきていることと，この母娘関係は密接に連動している。しかし，本書では，社会状況の変化による影響だけではなく，母娘関係にはその奥にもっと本質的な親と子の心の発達・成長に関する複雑なダイナミズムが含まれているという視点から検討していく。

　次に，この母娘関係を考える上で，父親の存在というのは避けて通れない。しかし，これまで父親の役割や存在について，母娘関係との関連で取り上げられたものは少ない。あっても仕事人間としての父親の存在感の希薄さというものが基本であり，父親の役割や機能がそれほど意味あるものとして，検討されてこなかった。しかし本書では，父親の存在を，母娘に対する第三者的な立場として，重要な役割・機能を持ったものとして位置づけることを試みた。もっとも，これは筆者の男性（父親）という立場もたぶんに含まれており，やや偏った見方であるという可能性もあり，読者の皆さんからのご意見やご批判をいただきたいところである。

　最後に，本書の理論的背景として，家族心理学，家族システム論をベースとするところがあり，特に世代間伝達に関して着目している。母娘関係は，この世代間伝達ということを考える上では，すぐれて明確な伝達の流れを顕著に提示できる関係性であり，筆者はそこに「心の重ね合わせ」という新たな視点を導入することで，体験の積み重ねとしての世代間伝達の様相を照射できるのではないかと考えている。

　つまり，この母娘関係において見られる交流は，人間の生きる苦悩そのものであり，さらにその状況をどのように生き抜いていくかというプロセスそのものが人としての発達・成長であり，本書ではそれを「心の重ね合わせ」という視点から探っていきたいと考えているのである。

　なお，本書は，以下の論文をベースとして，それを本書の主旨に沿うように

加筆・修正を行ったものである。

第2章　内田利広・高橋はづき（2012）：家庭における父親役割が子どもの
　　　　母子密着及び心理的自立に与える影響．京都教育大学紀要，121，
　　　　141-157.

第4章　内田利広（2011）：母娘関係における「期待」と「あきらめ」に関
　　　　する一考察　不安発作から不登校に陥った女子高校生との面接過程．
　　　　心理臨床学研究，29，329-340.

第5章　内田利広（2011）：不登校女子生徒の家族に見られた母子のパラレ
　　　　ル・パターンについて．家族療法研究，28(2)，150-157.

　本書を通じて，新たな視点から母娘関係を見直し，母親や娘の心理臨床にお
いて日々苦悩している臨床家にとって何らかの示唆が得られること，また実際
にその母娘関係を生きて，苦しんでいる女性にとっても，現状を少しでも別の
角度から捉え，考えるヒントになればと願っている。

平成30年6月

内田利広

目　次

はじめに　*i*

第1章　母と娘の関係性

1　母娘関係の断面 ……………………………………………………*1*

1）母親との関係に悩む娘　*1*

2）母娘と母息子　*4*

3）母親の思いと苦悩　*6*

4）母と娘の距離感：投影同一視と共依存　*11*

2　母娘関係を捉える視座 …………………………………… *15*

1）母親の生き方と母性神話　*15*

2）母娘関係を支配する甘えとナルシシズム　*18*

3）期待とあきらめの心理　*22*

3　世代を超えてつながる母娘 ……………………………… *26*

1）娘－母親－祖母の関係　*26*

2）母娘の愛着関係と世代間伝達　*28*

3）母と娘の心の「重ね合わせ」　*31*

第2章　母娘関係と父親の役割

1　家族における父親の存在……………………………………… 38
1）父親役割の変化と直接的・間接的影響　38
2）子どもの不適応と父親の役割　40

2　父親役割に関する調査研究から……………………………… 42
1）新たな父親役割尺度の作成　42
2）父親役割から見た母子関係と子どもの自立　43

3　母娘密着と父親の役割………………………………………… 49
1）父親役割尺度と性差　49
2）父親役割の母子密着・心理的自立への影響　51
3）母子密着の捉え方　53

4　母娘関係における父親の機能………………………………… 54
1）母子密着への父親の間接的影響　54
2）父親役割の質的側面　54
3）母親の目を通した父親の姿　59

第3章　母親に取り込まれる娘

1　Ａさんの愛着関係……………………………………………… 60
2　Ａさんの家族構成と主訴……………………………………… 61
3　Ａさんとの面接経過…………………………………………… 61
1）第1期（#1 ～ #15）：幼少期の体験と怒り　61
2）第2期（#16 ～ #30）：取り残される恐怖と甘え　65
3）第3期（#31 ～ #50）：パターンの内省　70
4）第4期（#51 ～ #65）：愛着関係の修復　74

4　愛着障害とその世代間伝達…………………………………… 78
1）Ａさんの傷つきと愛着関係　78
2）愛着の世代間伝達と母娘関係　80
3）愛着障害からの回復：夫婦関係と内省的自己　82

第4章　期待のあり方から見た母娘関係

1　母娘関係と親の期待……………………………………… 85

2　Bさんの家族構成と主訴…………………………………… 86

3　Bさんとの面接過程………………………………………… 87

　　1）第1期（#1 ～ #8）：不安に圧倒されつつ，これまでの思いを語る　87

　　2）第2期（#10 ～ #17）：母親との関係をめぐる苦悩　90

　　3）第3期（#18 ～ #26）：母親への不信感や自己否定感が和らいでいく　92

4　母娘関係における「期待」と「あきらめ」…………… 95

　　1）各期における期待のあり方　95

　　2）不安の取り扱いとBさんの内省　99

　　3）あきらめと母娘の成長　102

第5章　母娘関係の世代間伝達

1　母娘のパラレル・パターン………………………………… 103

2　Cさんの家族構成と主訴…………………………………… 104

3　Cさんとの面接過程………………………………………… 105

　　1）第1期（#1 ～ #5）：D子の行動・性格　105

　　2）第2期（#6 ～ #10）：母子の思考・行動パターン　106

　　3）第3期（#11 ～ #15）：繰り返されるパターンの内省　107

4　母娘関係における連鎖とその変容………………………… 109

　　1）母娘のパラレル・パターン　109

　　2）パラレル・パターンへの介入　112

5　家族における世代間伝達…………………………………… 114

6　家族風土とパラレル・パターン…………………………… 116

第6章　母娘関係を上手に生きるために

1　娘の視点から………………………………………… 118
- 1）一人で抱える生きづらさ　*118*
- 2）母娘関係の抜け出せなさ　*122*

2　母親の視点から………………………………………… 126
- 1）衝動性と困惑・たじろぎ　*126*
- 2）母親の期待とあきらめ　*129*

3　父親の視点から………………………………………… 133
- 1）母娘への父親・夫婦関係の影響　*133*
- 2）母親を媒介とした父親の潜在的・間接的関与　*135*

4　母と娘の心の重ね合わせ……………………………… 141
- 1）愛着の世代間伝達とパラレル・パターン　*141*
- 2）母娘の重ね合わせと父親の機能　*142*

5　母娘関係の発達論……………………………………… 145
- 1）心の重ね合わせにみる女性のライフサイクル　*145*
- 2）母娘関係を生きる成長モデル　*150*

6　『逃げ場所』と『相対化』としての第三者の存在 …… 159
- 1）きょうだい・祖父母・親戚の関わり　*159*
- 2）近隣の大人や友人との関わり　*162*
- 3）専門家の関わり　*164*

7　共に育つ母娘関係：因果論を超えて………………… 165
- 1）母娘生涯発達論：親子の和解　*165*
- 2）母娘の相補性：因果を超えて　*167*

あとがき　*169*
文献　*171*
索引　*175*

第1章

母と娘の関係性

1　母娘関係の断面

1）母親との関係に悩む娘

　母親と娘の関係については，これまでにも多くの検討が行われてきた。母親と娘は，同性ということもあり，小さいころから娘は母親の姿を追いかけ，母親にはなんでも相談し，多くの影響を受けてきている。また，母親も娘を可愛がり，その成長を喜び，幸せを願うものである。

　しかし，その母娘関係が，一般に言われるような美しく，幸せにつながる関係ではない場合も多い。大日向（2016）は，新聞に投稿された人生相談に応えるという形で，この母と娘の関係を取り上げている。そこでは，「母は娘の成長を喜び・応援し，娘はその母を敬愛するといった母娘関係像は全くの虚像とは言えないまでも，一面に過ぎず，幻想の創造物と言っても過言ではない」と述べている。確かに，筆者のこれまでの心理臨床の実践においても，青年期の女子学生や不登校の子どもを抱える母親との面接において，話をよく聞いていくと，自分の実母との関係の中で，深く傷つき，理解してもらえず，そのこと

を今でも恨みに思っていることを語られることが多い。

大日向（2016）は，「進学」「結婚」「出産・子育て」という女性にとって大きな三つのライフイベントを巡る母娘関係について，「母親が娘に寄り添えないばかりか，前に立ちはだかる壁ともなっている事例」があると指摘する。たとえば，高校生女子が，小さいころからアナウンサーになりたいという夢を持ち，一生懸命勉強し，それなりの学力も付けてきたのに，いざ大学受験となった時に「都会の大学には行かせられない。学力的に無理」と一蹴され，全く取り合ってもらえない場合や，20代女性が結婚を決めた相手がいるが，その相手が他県で警察官をしているというだけで，家族から遠く離れること，警察官の妻は忙しいこと，その女性が幼いころから体が弱く，両親や祖父母に大事に育てられてきたので「体が弱いのに一人で子育てはできない」「いい人でも幸せにはなれない」と泣きながら親に反対される，という場合などである。このような場合，確かに母親の言葉には，人生の先達として，また子育て経験者としての重みはあるが，そのことで娘が大きく傷つき，わかってもらえない状況に苦しんでいるのも事実である。そして，このような状況は，決して特定の親子にだけ見られるものではなく，多くの家庭において，多かれ少なかれ起こっている事態ではないかと考えられる。

裵岩（2013）は，カウンセリングルームで出会った女性との面接を通して，「母親に認めてほしい，ほめてほしい」という言葉を幾度となく聞くことを取り上げ，「クライアントの愛されたいという気持ち，切なさがひしひしと伝わってくる」と述べている。裵岩は，女子大生である娘は「どうして，自分をそのままの姿で受け止め，愛してくれないの」と，母親に問い続け，いくら母親から激しくののしられても，食事さえ作ってくれない母親に対しても「それでも愛されたい」という思いがあることを指摘している。その思いは，ほとんどの娘に共通するところであり，何とかその思いを受け止めてほしいという健気な子どもなりの試行錯誤のプロセスなのである。しかし，その思いは多くの場合は，母親に届くことなく「母親から逃れるには死ぬしかない」といったところまで追い詰められている場合もある。

このような母娘関係について，裵岩（2013）は，「娘の生きる力を奪う母」という言葉で表現している。つまり，「お前は母親の期待に沿えないだめな子

だ」というメッセージを繰り返し与えられ，いつしか「自分はだめな子だから母親に愛されない」のだと自分を疎ましく感じるようになるのである。そこに母親の呪縛の恐ろしさがあり，傍目にはよき母親を演じつつ，無意識のうちに娘たちの生きる力を奪っていくのである。そして，そんな母親たちの決まり文句は，いつだって「お母さんはあなたのためを思って」ということである。

この「お母さんはあなたのためを思って」という発言は，おそらく母親にとっては真実であり，何も娘が憎くて，苦しめようと思って関わっているわけではないのである。つまり，そこには母親の素直な子どもへの願い，愛情があり，少しでも子どものためになればという思いがあり，他方娘の方は，その母の愛情のこもった思いに押しつぶされそうになり，窮屈になり，さらに反発もできなくてどうしようもない苦悩を感じるという大きな認識のずれ，どうにも埋めがたい溝があるのである。このずれや溝が，母娘関係を，一層複雑にさせ，混沌としたものにしているのである。

この母と娘の関係について，示唆的な論考を行っているのは，信田（2008）である。信田は，母からの呪縛で，身動きできなくなっている娘たちを「墓守娘」という言葉で表現している。家族にとって，先祖代々から続くお墓を大切にし，お彼岸やお盆には墓参りをして，先祖や親を敬い，いずれは自分もその墓に入ることになるのが，これまでの風習であった。しかし，最近は，親元を遠く離れ，また家を継ぐ者もなく，先祖からのお墓も，掃除して守っていく人が少なくなっている。そのような中で，母親は娘に「墓守は頼んだよ」と呪文のように唱え，そう言われた娘はボディ・ブローを受けたようにその呪文に取りつかれ，身動きできなくなっていくのである。そして，その後，親元を遠く離れ，結婚し，子どもを育てるようになってからも，どこかその母親の言葉やこれまでの態度が引っ掛かり，母親の呪縛から解き放たれることができず，体調不良や心理的不調を訴えて，カウンセリングルームにやってくるのである。

信田（2008）は，この墓守娘の嘆きの社会的な背景要因として，以下の5つをあげている。

1）母親の寿命が延びたこと
2）高学歴化により娘の結婚年齢が上がったこと
3）母親にそれなりの経済的豊かさがあること

4）娘が働いている，しかも非正規雇用で経済的に不安定であること

5）少子化により一人娘が増えたこと

　これらは，現代の日本社会の大きな社会問題でもある「少子高齢化」と重なるところもあり，社会状況の変動による影響も大きいと考えられる。つまり，このような社会状況の変化により，母娘関係がより複雑になり，難しくなってきているということである。それは，「母親の寿命が延び」，娘の結婚や子育て，孫の教育までずっと祖母として見ていけるようになったことや娘の「高学歴化」により，「結婚年齢が上がった」ことで，働いてからも娘として親と同居して過ごす時間が長くなっているのである。また，「非正規雇用」が増えて，経済的に不安定であるので，娘は一人で暮らすよりは，親と暮らしながら生活する方が楽であり，安心感がある。さらに，一人娘ということになると，親としては，長い人生を子どもと共に，あるいは孫と共に過ごしたいと思うようになり，必然的に娘の生活に近づくことになる。このように，現代社会の状況の変化により，母親と娘が過ごす時間が必然的に長くなり，関わりも当然深くなっていく。母と娘が，物理的にも心理的にも近くにいることで，多くの軋轢が生じ，墓守娘の苦悩が生まれてくるのである。

　母娘関係の苦悩は，このような社会の状況を考えると，ある種必然的なところもあるが，その一方で，単に社会の変動，女性の社会進出，役割の変化という要因だけではない。母娘関係は，現代の親子関係の本質的な課題，つまり親子関係とは何か，家族とはどういうものなのか，というところまでを射程に入れた複雑な問題であり，人が発達・成長するとはどういうことかという深遠なテーマにつながっていくものであるというのが，筆者の考えである。

２）母娘と母息子

　さて，ここまで，母親と娘の苦悩・ジレンマについて見てきたが，これは母と娘だけのことなのか，母と息子には，そのようなことは起こらないのかという疑問が湧いてくる。

　現実的には，上で述べた少子高齢化という社会状況の変動があり，娘がいつまでも親に経済的・心理的に依存し，同居するようになった状況があり，また

第1章　母と娘の関係性

跡取りとしての息子がいないという現実において，息子ではなく，娘が母親の依存対象になっていると考えられる。しかし，この母娘関係には，社会的な状況の変化だけではなく，娘と息子という性別の違いも大きく関係しており，心理的あるいは生物学的な発達の過程における関わり，関係の取り方も影響している。

　信田（2008）は，母息子と母娘の違いについて，同性か，異性かという視点から検討し，「母の使い分け」として，まとめている。

　1つ目は，娘は母と同性であることだ。娘の結婚は母との関係を阻害するどころか，女性の人生の先達である母の地位を高めることになる。

　つまり，母息子関係は，性的に異なる（交差している）ので，「母親は結局，息子の中に自分と違う他者を発見する」（橋本，2000）ことになるのに対し，母娘関係では，同性であることで一体感的結びつきは，いっそう強くなる。同性である娘は母の姿を理想とし，母親がやってきたことと同じような人生の経験（結婚，家事，出産・育児）をたどることになる。そうなると，常に母親の後を追いかけ，人生の先達として，母から教えてもらう立場になり，娘の中に母親が再生するという円環をたどる。それは永遠に続くことになり，「無限の連続，始まりも終わりもないウロボロスの世界」（橋本，2000）となっていく。つまり娘は，妻として，母親として，また女性として母親を追い越すことは，決してできないという状況になり，母から離れたり，自立したりすること自体が不可能になるのである。それに対して，息子の経験は，就職，会社での交流，父親としての子育て等，母親の体験とは基本的に異なるものであり，母親が教えられる部分は少なくなり，母親から離れることは容易なのである。

　2つ目は，息子が父と対抗して母親を庇護する時の視線が俯角なのに対して，娘のそれは仰角であることだ。強い男が弱い母を守るという構図と，弱い母を苦しめないように，さらに弱者として母の期待通りに母を支えて生きる娘との違いである。

　母親は，息子を，強い男性として，自分を守ってくれるのではないかと感じ，息子を見上げる存在（息子から見ると俯角）として見ているのに対し，娘に対しては，社会的に自立が遅くなり，また結婚の時期も遅くなり，母親が世話をして守ってやらないといけないのではないか，という見下ろす視点（娘から見

5

ると仰角）になるということである。

　３つ目の違いは，母がどこまで自覚的であるかだ。息子の利用については，弱者であるからこそ，母は自覚的である。しかし，娘に対しては，彼女たちは自覚的だとは思えない。

　つまり，このような息子と娘に向けるまなざしの違いを，母親がどこまで自覚できるかということである。信田の指摘では，弱者の立場では，自覚的になるが，強者としての支配する立場に位置し続ける場合は，自覚できないということである。確かに，自分が強者の立場で優位な位置にいると，その影響力や支配欲を自覚するのは難しいと考えられるが，この強者である支配者の立場での母親の自覚の弱さは，母娘関係のもっと本質的なものを含んでおり，生物的，身体的な根源的一体感や母娘の心理的距離の近さともつながるところがあると考えられる。

　信田は，この３つの視点から「人生の先輩である母に，永遠に娘は追いつくことはできない。こうして母は娘と距離をとる必要など感じることなく，強者として支配する側に位置し続けるのだ」と指摘する。

　大日向（2016）も，母娘と母息子の違いを，心理学的な「性の交差効果」として指摘し，同性であるか，異性であるかの違いは決定的であり，「母の愛は公平ではない」と述べている。息子である男きょうだいに対する母親の愛の偏向は，極端な場合が多く，その対応の違いで，多くの娘たちが傷ついているということである。そしてその傷つきに対し母親は無自覚であり，「人と人の関係として，わきまえるべき当たり前の一線は自ずとあるはずです。しかし，こと相手が娘となると，人としての常識が効かなくなるのが母娘関係の闇なのでしょう」と述べている。母娘関係における母親の振る舞いや態度・発言が，どれほど不自然で，常識からはずれていても，母親は，その理不尽で制御不能な関係性になっていることへの自覚すらできなくなっているというのである。

３）母親の思いと苦悩

　母娘関係について，娘の嘆き，苦悩が多く語られるが，一方で母親の思いはどのように語られるのであろうか。

第1章　母と娘の関係性

　先ほど取り上げた大日向（2016）においても，娘からの投稿と同じく，母
からの相談も多く寄せられている。母親も娘との関係に戸惑い，悩んでいる。
「娘のことは案じてきた。精いっぱい育ててきた。私があなたを思う気持ちが
なぜわからないの？　こんなにも案じているのに！」という発言を取り上げて
いるが，このように，多くの母親が娘のことを思い，心配している。進路につ
いて，娘が漫画の編集者になりたいと願い，県外の私立大学に通いたいと語る
のに対し，母としては娘の学力を鑑みて，また家の経済状況から判断して，三
流の私立大学に行っても夢をかなえるのは難しいので，他の進路を考えるよう
に言うべきか，それとも貯金をすべてつぎ込んででも，希望の大学に進ませる
べきか，母親なりに悩んでいるということが語られる。さらに，30代の娘の母
親からは，看護師である娘が，若いころからの夢であった海外でのボランティ
アに行きたいということで，準備を進めているということへの相談である。母
親としては，子どもを産む年齢等の心配もあり，「いい加減，早く地に足のつ
いた生活をしてほしい」と願っているが，周りからは本人が決めたのだからい
いのではと言われ，一人悩んでいるということである。さらに，初孫が生まれ
たときの娘の嫁ぎ先の流儀と，母親のこれまで育ってきた風習とがかなり異な
っており，「相手の親にこちらの風習などを伝えるべきか，悩んでいます」と
いう相談も寄せられている。

　このように，母親は，母親としての立場，役割，視点で子どものことを心配
し，どう関わったらいいのか，どのように伝えたらいいのかを悩んでいる。

　このような悩みに対し，大日向は，「大学のランクを気にされておられます
が，それが直ちに職業の適性や将来に結びつくとは限りません」「娘さんの志
をまず理解し，誇りに思ってあげてください」「冠婚葬祭の習わしは土地や家
によって随分と異なります。"郷に入れば郷に従え"というように，自分たち
の風習が唯一と思い込まないことです」とやさしくアドバイスを伝えている。
おそらく，多くの母親はそう言われると，「やっぱりそうですよね」と納得す
るし，こちらの伝えたいことも十分にわかってもらえるのである。しかし，わ
かっているけど，どうしても気になり，つい口を出したり，手を出したりして
しまいそうになるのである。それだけ，娘のことを気にかけ，心配していると
いうことである。そして，その背後には，自分が娘のことは一番わかっている，

7

一番娘のことを心配しているのは自分である，という自負もあるのではと考えられる。

　このような母親の思いを，信田（2008）は，さらに細かく分析し，6つのタイプの具体的な母親の関わりのイメージを提示している。以下にその内容を要約してみる。

　　(1)　独裁者としての母 – 従者としての娘

　母娘関係を，独裁者とそれに従う従者として，捉えたものである。主婦という立場は，合法的に社会的引きこもりが許される唯一のポジションであり，社会とのつながりのないところで，母は独自の価値観，ルールを作っていく。そのようにして作られた家族のルールは，しばしば世間のルールとかけ離れることもある。往々にして社会的に引きこもっているからこそ，彼女たちは家族のルールを自分本位に決定している。それに反論しようものなら，「泣き叫ぶ，病気になる，延々文句を言われる」といったことが起きる。

　母親はいつのまにか家族のルールを制定するようになり，「私が法律である」という立場に上りつめる。「無能で非力であることを盾にとった実力行使」であるとも言える。こうして，外見上は弱々しく力ないかに見える母親は，いつのまにかプチ帝王＝独裁者へと上りつめる。そして，このような家庭内での独裁者としての振る舞いは，外からは全く見えないので，それがまた娘を苦しめていく。ただし，その支配は，家庭という限局された場だけで行使される。父は，そんな独裁者をいなし，かわす術に長けている。しかし父親は，こうして家庭という場における母の独裁に正当性を与え続ける限り，共謀者でもある。

　この信田の指摘は，一部の母親にとっては，あてはまるかもしれないが，その母親に対して，父親が「いなし，かわす」だけであり，何もしないのは，共謀者と同じであるというのは，筆者にはやや父親に厳しいようにも感じられる。もっとも，この母娘関係に，父親がどのような役割を果たすのかは，確かに重要なテーマではある。

　　(2)　殉教者としての母 – 永遠の罪悪感にさいなまれる娘

　「み〜んな，家族のため，あなたのためだったのよ」と語り，母親は「娘のために，家族のために犠牲になったのだ，そしてあなた（娘）は私の犠牲のおかげで生きていられるのだ」という主張は，母が，“自分が殉教者だ”と定義

していることを表している。娘は，殉教が自分のために行われたことを長い時間をかけて信じさせられ，それを内面化する。すると，そこに永遠に拭い去れない罪悪感というものを植え付けられ，その罪悪感のために，動けなくなり，また母に従わざるをえなくなるのである。

(3) 同士としての母 – 絆から離脱不能な娘

娘がとにかくいい学校に入り，人生の勝ち組になるのだという学歴信仰，受験という戦いの戦列にとにかく加わること，そして無数の選抜を勝ち抜くことを最優先し，そのために母たちは生活を賭けていく。最初はライフコースの設計者であるが，年齢が上がるにつれて，指揮官から伴走者へとたくみに位置と役割を変更していく。大切なことは，強制してはならないこと，あくまで娘の自己選択であるという建前を，決して崩さないことである。つまり，これは親の圧力，意向，期待によるものではなく，あくまでも娘の自主的な判断に沿っているのだという建前をとっているのである。ここでいう同士（目的を持って，共に戦うこと）とは，ステータスと収入を保障する学歴・資格・職歴を獲得するため，共に戦っていく関係である。

(4) 騎手としての母 – 代理走者としての娘

同士が少し巧妙になると，騎手として，娘を動かす。本来は走った娘（馬）の功績（学歴・職歴・結婚等）であるのに，いつのまにか娘の達成をかすめ取り，母親の功績であるかのように吹聴する。競馬では，名馬と名騎手の双方が讃えられる。しかし，馬の気持ちなど誰もわからない。同じく，娘の気持ちなど，確かめるまでもなく，騎手である母親と同じであり，また同じ目標に向かって走るので，当然同じ気持ちである，と理解する。

名騎手として讃えられる快感は，たどり着くゴールがあるわけではなく，果てしなく繰り返される。騎手は，馬が走らなければ騎手でいられないのだ。鞭を激しく打ち続け，もっと疾走しろと要請を続ける。騎手は馬に依存している。馬が倒れれば騎手は走ることもできない。それに似た不安が，娘の人生レースに対する母の尊大で貪欲なまでの執着を生み出している，ということである。つまり，娘が倒れない程度に，鞭をふり走らせるが，トップで走り抜け，賞讃される快感を求めつつ，途中で倒れたり，けがをする不安を常に感じ続けているのである。

この喩えは，走り続ける母娘関係を的確に示しているが，ここで一つ大切なことは，競馬の場合は馬の気持ちなど誰もわからずに，それはすべて騎手の手綱捌きによるものだとなってしまうが，娘は物言わない馬ではないということである。

　つまり，娘を物言わぬ馬と見てしまう母親と，人間として生きようとする娘の断絶がここにはある。

　(5)　嫉妬する母－芽を摘まれる娘

　「鏡よ鏡，世界で一番美しいのは誰か？」と白雪姫の物語で，継母は鏡に尋ね，自分が一番であることを確かめている。この物語での継母は，実は実母ではないかと言われることがある。

　このように，母は娘に嫉妬するものである。娘は，若く美しいはずの自分（母親）の位置を脅かす存在であり，そこに嫉妬が生まれる。娘は，女としてのセクシャルな存在であることに対する根深い嫌悪感を母から植え付けられる。これは嫉妬というより，母自身が自らの女性性を呪っており，それの投影と考えてもいいかもしれない。嫉妬する母は，嫉妬を自覚することはないだろう。なぜなら自覚したとたんに，それは娘に対して負けを認めたことになるからだ。

　(6)　スポンサーとしての母－自立を奪われる娘

　母たちの中には，娘よりはるかに豊かな経済力を持っている人がいる。正規雇用の減少とフリーターの増加にみられるように，親の経済力をあてにしなければ生活が成り立たない20代，30代の若者が増加している。母たちは娘の存在をつなぎとめるために，これまでよりもっと直截的で実利的な方法（金銭）を用いるようになる。つまり，経済的な後ろ盾として，娘の生活を支援し，そのことがさらに娘の経済的自立を難しくし，母から離れるのを困難にしている。しかし，このようなスポンサーとしての存在について「親たちの多くは，子どもが貧しく親が富んでいることに対する，妙な後ろめたさを感じている」と信田は指摘している。

　この信田の6つのタイプは，非常にわかりやすく，母娘の錯綜した関係性，特に母親の願いや愛情として語られるものを的確に抽出し表現している。そして，このタイプは，それぞれが重なり合い，時には他の特徴も同時に示しなが

ら，母娘関係は時間の経過とともに，変容していくものと考えられる。ここで示された母娘関係には，母親が独裁者のように娘を支配するものから，殉教者，同士としての伴走者，そして騎手というように，娘の生活にピタリと寄り添い，どこかで娘をコントロールして，自分の思い描いた方向に進ませようとする意図が見え隠れする。さらに，嫉妬する母親は，女性同士の微妙なライバル関係の中で，娘への対抗心を燃やし，スポンサーとしての母は，どこか後ろめたさを感じつつ，娘を支援することで，常に優位に立ち，母親の存在が必要であるという娘との関係を手放さないようにしているのである。

　ここで，このような母娘関係の理解を進める上で，母親と娘の心理的な距離感に着目して検討してみたい。

4）母と娘の距離感：投影同一視と共依存

　母と娘の距離感について，その間は，目に見えない強い絆で結ばれているとも言えるが，他方で，母と娘の間には，傍からは想像もできないような憎悪やライバル関係，嫉妬心が渦巻く深い溝のようなものもあるのではと感じられる。

　裴岩（2013）は，この母娘関係について，「母親にとって娘とは自分の分身である」と述べている。まさに，自らのお腹の中で育み，同じ血液を共有し，同じ遺伝子を持っている，ということは，母親にとって，本能的なレベルで，分かち難い一体感を感じ，その差異というのは，ほとんど認識できなくなるのである。娘は，成長するにつれ，容姿やその立ち居振る舞いは，母親に似てくるものである。それは，遺伝子のレベルで組み込まれているものであり，誰も否定できるものではない。それに対し，母親は，息子も同じように母親のお腹の中で育み，一体感を持つこともあるが，そこには「性の交差効果」として述べたように，女性（母親），男性（息子）という絶対的な差異が生じてくるのである。

　母親と娘の距離感について，高石（1997）は，投影同一視という視点から，示唆的な考察を行っている。子どもが「母親の母親を代行する」こと，とりわけ娘が母親の愚痴や不安のはけ口となることによって，母親を支えるという母親と娘の関係のありように着目し，このような関係性は臨床場面で出会う「娘

たち」が頻繁に語る心理的事実であり，「母を支える娘たち」として提示している。

　母親の世話をする娘の姿を，「世話されるもの」と「世話するもの」の役割交代として捉えている。たとえば，年をとり，ほとんどの家事を娘に任せて世話される立場にあった母親が，風邪で寝込んでしまった娘から家事を頼まれた場合，老体に鞭打って生き生きと家事一切を取り仕切ろうとするのである。そして，娘が申し訳ないという罪悪感を感じ，いたたまれなくなり手伝おうとすると，大変な剣幕で，無理するなと布団に追いやられてしまう。しかし，娘の風邪がよくなり，母親が家事をする必要がなくなると，母親は頼まれていたにすぎない家事を奪われたようになり，元気がなくなるのである。ここで起こっているのは，娘は，母に世話されることで，母親に生きがいを与え，支えているところがあり，実質的には，「世話される」ものの立場をとることで，母親を「世話している」ということである。

　この関係性について高石は，投影同一視の視点から説明できるというのである。つまり，母親の「世話されたい自己の一部」を相手（娘）に投影し，次にその相手（娘）を自らと同一視して，娘を「世話する」ことによって結局母親自身の「世話されたい自己の一部」の満足を得るというものである。

　そして，この投影同一視は，娘にもまったく同じように起こっているというのである。つまり，娘自身にも，「世話されたい」という思いがあるが，その思いがなかなか親に受け止めてもらえずに，満たされることはない。そして，娘はその「世話されたい自己の一部」を母親に投影し，母親が世話されたいと願っていると理解し，その母親に自分を同一視して母親を「世話する」ことで，自らの「世話されたい」思いの満足を得るというものである。つまり，この投影同一視という関係性では，自分と他者という区別が非常に曖昧になり，それぞれがそれぞれの思いを相手に投影しているので，それが本来的には誰の思いであり，それに対して自分自身がどのように感じているかを区別することができなくなるのである。

　このような関係の中を生きてきた娘は，面接場面においても，おおよそセラピストが暗々裡にクライエントに期待しているあらゆることを敏感に察知し，その期待に応えようとするのである。つまり，世話される―世話する，の関係

が面接場面にも持ち込まれるのである。先に，母親が娘を支配し，強者の立場に立った時に，そのことに「無自覚である」という指摘もあったが，母親にとってはこのような投影同一視という心理機制が働いている状況では，そのことを自覚し理解することは，まったく不可能なのである。そしてそれは娘自身についても，言えることである。

他方で，母と娘の距離が近いことで，お互いに親密性を感じ，仲よしであり，お互いの気持ちが知れて，よいのではという見方もある。

「私たち，とても仲よし，でも，だから親離れも子離れも苦手です」と語り，いわゆる“一卵性親子”のように親密で，仲よしの親子の姿も見られる。このような母娘は，一見とても仲がよく，うまくいっているように見えるが，そのような「蜜月」は，長くは続かないことが多い。むしろ長く続かない方が自然であると思われる。そして，その蜜月が壊れることで，母も娘も不安になり，関係が錯綜したものになりやすい。その背後に，「癒着の病理」が巣くっているのではないかという指摘もある（大日向，2016）。

親子関係，特に母子関係は，その妊娠中からの一体感，自らの体内から産まれてきたものという体験を通し，本質的に分離，距離という感覚は持ちにくいものである。したがって，母娘関係において，少しずつ距離をとることを体験し，分離の痛みを味わいつつ消化していかないと，突然距離をとり，離れていくというのは，とても困難な作業である。つまり，子どもが生まれて，育てていく過程は，いかに親が，子どもとほどよい距離をとり，思春期から青年期にかけて，別れのつらさを受け止めていくかというプロセスであるとも言える。これは心理学の中でも，さまざまな視点から取り上げられている，愛着の問題，分離固体化の課題，幼児期の分離不安，第一反抗期，第二反抗期（思春期），そして青年期の心理的離乳の課題などである。そして，そのようなプロセスが，うまく進まないと，母娘関係は，癒着し，共依存的になり，錯綜したものとなる。共依存とは，子が母親に依存し，いつまでもその庇護の下に甘えて生活し，心理的な離乳ができないまま親元にとどまる一方，母親も子どもの存在を頼りにし，子どもの自立を願いながら，実は子どもが離れられないように，近くに置いて自立させないようにすることである。子どもの世話をすることに親自身の生活が依存している状況であり，相互に依存し合った関係であり，

融合して心理的距離のとれない状態で，お互いに自立できないまま，その生活を続けることになる。

　このように考えると，親子関係は「依存」の原型であり，心理的距離が近く，依存が継続し，さらには共依存に発展する可能性を十分に秘めている関係性である。そして，親は，子どもの依存をどのように受け止め，そこにどのように距離感を持ち込めるかが，母娘関係を考える上でも，重要なポイントになる。

　子どもは生まれながらの状態では無力なので，親に全面的に依存している。ある意味これ以上過剰になれないくらいの絶対的依存状態にあり，それを親が献身的に育てるのが子育てである。母親はこの絶対的な依存状況の中で，1日ほぼ24時間，休むことなく子どもの世話をし，それが何年も続くのである。この時間の中で，一方の母親も，子どもを育てることが自分の人生のすべてになり，子どもを育てることに依存し，それ以外のことは考えられなくなり，そこから離れられなくなるのである。これが共依存の始まりのきっかけになる可能性がある。そこには，親（特に母親）の置かれている社会的立場（経済基盤の弱さ），夫婦関係（家庭内離婚），親の精神状態（未熟性）など，さまざまな状況が影響を及ぼしている。このように親子関係にはさまざまな状況の影響により共依存になる可能性を秘めているという特徴がある。

　そして，共依存のもう一つの特徴として，「相手をコントロールして自分の思い通りに動くようにさせようとする」ところがある。たとえば，自分は不十分な親ではないかと怯えて子どもに尽くす親は，子どもをコントロールなどしていないかのように見えるが，実際には気を遣い，過剰に世話を焼くことで子どもが育つ方向性を決めてしまっていることになる。また，子どもが過剰に親の期待や言葉に適応しようとする場合も，親に尽くす子どもを演じることで親を安心させ，満足させることで，逆に無意識に親を自分の思い通りに動かすようにコントロールしていることもある。さらに，子どもは自分が親の期待にそえない場合，ダメな子どもを演じることで，いつまでも親に寄りかかっている状況をつくったり，無意識のレベルで親を否定したり親に罪悪感を負わせたりもする。

　このように，母娘関係は，表面上は仲よくやっている，お互いに助け合いながら，うまく関係をとっているように見えるが，実のところはお互いに，無意

識に相手をコントロールし，自分の思い通りにしようとしたり，相手の罪悪感をかき立てて，離れられないようにしていたりするのである。

　しかし，子育て（子どもが自立する過程）においては，多くの母娘は，さまざまな場面で必ず共依存のような状況を呈し，それと戦いながら，どこかでお互いに距離をとることができ，親も娘も少しずつ成長し，ほどよい距離をとっていくようになるのである。

2　母娘関係を捉える視座

1）母親の生き方と母性神話

　母娘関係の理解には，社会的な母親の位置づけ，さらには女性の生き方という視点も，大きく関わってくる。特に，母親には，子どもを産み，育てるという営みの中で，これまで当然のように「母親はいついかなる時でも子どもに万全の愛情を注げるものであり，母親にとって子どもと過ごす時間は至福のはずだ」（大日向，1996）という母性神話というものがあった。

　大日向（1988；2015）は，先駆的にこの母性神話という考え方の問題に取り組んできている。母親と子どもの関係を観察する中で，母親が子どもを庇護する，母親は子どもを愛し，慈愛の精神で子どもを包み込み，大切に育てるという「母性神話」に対し，これは育児の実態とは乖離したものであり，子育て中の母親を苦しめているのではないかということに着目し，警鐘を鳴らしてきている。

　大日向（1996）は，育児の実態として，子どもが生まれてから睡眠不足が続き，自分のことも家事もできなくなり，予想や期待がはずれたことに苛立つ母親，一日中泣いていたり，動くのも歩くのも遅くべったりとくっついてきて，思い通りにならなかったりする子どもの状況に苛立つ母親，さらに夫婦間の葛藤に苛立つ場合や姑などとの家族関係に苛立つ場合などの母親の実情を取り上げている。このような状況の中で，母親は子どもを可愛く思えなくなり，つい手をあげたり，きつい言葉を投げかけたりする。その時の母親の心情として，

「頭が真っ白になってしまう」「自分が自分でないようで怖い」という発言もあり，母親自身も，何でそのような事態に陥っているのかさえわからず，しかもそれを夫や周りの人に話すと，母親なのでしっかりするように言われ，母親失格だと責められたりする。そうすると，母親自身も自分がおかしいのか，自分が子どもを愛せないのは，母親失格なのかと，自分で自分を責めるようになり，母親たちはますます追い込まれていくことになるのである。そして，「よき母であれ」とする規範（母性神話）に縛られた母親は，そうできない自分の脆さを見つめる目を失い，「自分の愛情は絶対である」という思い込みで「時として夫さえも足を踏み入れることのできないほどの母子密着の殻を作り上げ，母子共にがんじがらめの病的な一体感を生み出しかねない」（大日向，1996）のであり，それは特に母娘関係において，顕著に見られるところであると指摘する。

　女性は誰でもよき母性愛を発揮できるという考えが，母親自身を苦しめ，追い詰めてきた歴史がある。社会の中で，女性は家庭に入り，家事・育児を行うものだという明確な性別役割分担があり，その中で母親が，子どもを育てるのは当然のことであり，母親としての自然の摂理なのだという発想があった。しかし，そのような母親の絶対的な母性愛の発揮は，実態からかけ離れた神話であり，母親も生身の人間であり，子どもへの関わり方，愛し方は人それぞれなのである。

　このような母性神話への懐疑的な目は，女性の高学歴化や社会参加という時代の流れとも関連している。女性が結婚して，家庭に入り，専業主婦として，家事や育児に専念するということが当然視されていた時代では，母親が子どもを可愛く思えないというようなことは，おそらく表現することすら許されず，母親自身も無自覚にさまざまな苛立ちや苦悩をのみ込み，抱えながら生活してきたのである。その中で，多くの母親は，自分一人でその苦悩と格闘しながら，献身的な自己犠牲を自分の人生のエネルギーに変えて，生きてきたのである。ただ，その当時はまだ親きょうだいや地域社会とのつながりというものがある程度存在し，親族や地域の中で支えてもらえた部分が大きかったのである。それが，女性の社会参加という時代の変化の中で，母性への絶対的な信念が揺らぎ，母親としての性役割に懐疑的な目が向けられるようになったのである。これは，現代の男女共同参画という方向において，女性だけが育児・家事

を担わされてきたのは不当であり，育児は女性に限ったことではないという発想が生まれるのは，当然の帰結であると思われる。そして，このような母性神話への疑問は，母娘関係においても影響を及ぼすことになる。母親の無理解に悩む娘に対し，大日向は，「実母の現実を直視して，『母なるもの』への幻想と期待を断ち切ることです。そうすればまた新たな関係が築けるかも知れません」（大日向，2016）と助言している。母娘関係を考える上で，娘自身にもこの母性神話の残像があること，さらにその崩壊，そして女性の社会参加という社会の変動も，今後考慮していく必要がある。

　その一方で，母娘関係の難しさの一つの側面として，母親の育児の困難さ，子どもを愛せないという状況があるが，これは単に母親のおかれている社会的立場の変化だけが原因であると理解するのは危険である。大日向（1996）は「母親自身の育児観の未熟さ」「父親の非協力的態度に込められている男性の未熟さと横暴さ」を見ることなく，母性神話からの解放ということで，母親も人間なのだから子どもを愛せないのは仕方ないのであると主張し，さらに自らの苛立ちを子どもに向けるのを正当化するものであれば，「母性神話からの解放を逆手にとったゆゆしい現象」であると厳しく指摘している。

　ここでは，二つのことが指摘されている。一つは，母親自身の育児観の未熟さであり，母親自身が親として成長する機会がほとんどなく，大人の女性としての基盤がないままに母親になってしまっているという現実である。この問題は，母親自身の生育過程の問題でもあり，さらには母親自身の親（特に母親）との関係の在り方に関する，女性として，また大人として十分に成熟できていないという課題でもある。

　もう一つは，父親である男性の未熟さと横暴さである。この父親の存在や役割は，最近の育児環境を考えても特に重要視されているものであり，単に母親（妻）の精神的なサポートというだけではなく，現実的に育児にどのようにコミットし，時間を割いて子どもに関わるかという現実的な問題でもある。そして，これまで述べた密着した関係や距離の取りにくさのある母娘関係において，母性の生き方の問題とともに，父親がどのような役割を果たすかは，父親の生き方に関わる重要なテーマであり，これは第2章において取り上げていくことになる。

２）母娘関係を支配する甘えとナルシシズム

　母子関係を支配している無意識的な葛藤として，古沢平作によって提起されたアジャセ（阿闍世）・コンプレックスがある（小此木，1982）。古沢は，フロイトのもとで学んだ唯一人の日本人であり，フロイトが父母子の三者間でのエディプス・コンプレックスを考えたのに対し，二者関係である母子関係に日本人の中心問題があることを見いだしている。このアジャセは，親鸞の教えの中に出てくる物語の登場人物である。王妃であったイダイケ夫人は，自分が年老いて容姿が衰えて王の寵愛が薄れることを恐れ，占い師に占ってもらうと，３年すると裏山にいる仙人が死んで，王の子どもとなって生まれ変わるということであった。しかし，王妃はその３年が待てずに，仙人を殺してしまうが，その時に仙人が「自分が生まれ変わった子どもは将来，父の王を殺す」と予言して死んでいく。その後，アジャセを身籠もった王妃は，仙人の予言を恐れ，アジャセを高楼から産み落とすが，アジャセは死なずに助かる。そして，自分の出生の秘密を知ったアジャセは，父親（王）を幽閉するが，その父にこっそりと食事を与えて助けたのが，母である王妃であった。アジャセは，激怒し母を殺そうとするが，家臣に制止され，思い留まる。そして，父（王）を殺したアジャセは，王となり権力を思いのままにする。しかし，自分の行ったことに後悔し，病気になり苦しむことになる。その時に献身的に看病をしてくれたのが母である王妃であった。そして釈迦との出会いにより，救われたアジャセは，名君として君臨することになるのである（永井，2004）。

　この物語で示されたのは，子どもは，母親は自分を愛しているから産んでくれたのではなく，母親自身のエゴ（夫の愛を失いたくない）で自分を産んだのだという事実に気づいた時，激しい恨み，憎しみの感情が起きるということである。母娘関係を考えた時，母親の理不尽な態度やわかってもらえなさ，平気で傷つけてくる鈍感さに接した娘には，母親の中に何かよくわからないが，激しい恨み，憎しみが湧いているのではと感じることがある。母の心の奥には，アジャセ物語で示された母親自身のエゴのようなものがあり，その事実を娘自身がどこかで感じ取っているがゆえに，生じている感情とも考えられる。

　この物語において，もう一つ大切な点は，アジャセが犯した罪（父親殺し）

に対して，罰せられることはなく，許されるという形で終わっていることである。自分の犯した罪に対して，罰せられるのではと恐れる罪悪感と，犯した罪が許されることによってすまないという気持ちから起こってくる罪悪感とでは，異なるのである。そして，この後者は，日本的な一体感＝甘えという，献身的な母親の看病や釈迦との一体感により，許されるという経験から生じる罪悪感であると考えられる。

　さらに，このアジャセ・コンプレックスは，「押しつけられた罪悪感」として，病的な養育姿勢を持った「献身的ではあるが傷つきやすい母親」による「押しつけ」である可能性が強調される。

　そして，これを臨床場面でよく出会う母娘関係に当てはめてみると，「献身的ではあるが傷つきやすい」母親に「わがまま」を言えない娘たちと同じ関係性であり，多くの場合娘たちは，無意識的な母親のマゾヒスティック・コントロール（自己愛的な支配；高石，1997）に籠絡されている。

　母娘関係を考えるうえで，自己愛との関連も指摘されている（高石，1997）。自己愛性パーソナリティ障害については，DSM-5（日本精神神経学会（日本語版用語監修）／髙橋・大野（監訳），2014）において，以下のように説明されている。

　「誇大性（空想または行動における），賛美されたい欲求，共感の欠如の広範な様式で，成人期早期までに始まり，種々の状況で明らかになる。以下のうち5つ（またはそれ以上）によって示される。
(1)自己が重要であるという誇大な感覚（例：業績や才能を誇張する，十分な業績がないにもかかわらず優れていると認められることを期待する）
(2)限りない成功，権力，才気，美しさ，あるいは理想的な愛の空想にとらわれている。
(3)自分が"特別"であり，独特であり，他の特別なまたは地位の高い人達（または団体）だけが理解しうる，または関係があるべきだ，と信じている。
(4)過剰な賛美を求める。
(5)特権意識（つまり，特別有利な取り計らい，または自分が期待すれば相手が自動的に従うことを理由もなく期待する）
(6)対人関係で相手を不当に利用する（すなわち，自分自身の目的を達成するた

めに他人を利用する)。

(7)共感の欠如：他人の気持ちおよび欲求を認識しようとしない，またはそれに
気づこうとしない。

(8)しばしば他人に嫉妬する，または他人が自分に嫉妬していると思いこむ。

(9)尊大で傲慢な行動，または態度。」

（日本精神神経学会（日本語版用語監修）／髙橋三郎・大野裕（監訳）DSM-
5 精神疾患の診断・統計マニュアル．p.661．医学書院，2014 より作成）

　以上のような特徴で，自己愛性パーソナリティ障害が示されるが，ここで
注目されるのは，このようなナルシシズムが決して人間関係と独立した自己
完結的な病理ではないということである。たとえば，(5)の特権意識は，「他者
と比べて"特別有利な取り計らい"を期待し，また他者が"自分の期待"通り
に"自動的に従"って動いてくれるものと思い込んでいることを示している」
ということである。つまり，自己愛的な傾向は，他者は自分の思い通りに動い
てくれるものという思い込みがあるという「対象支配」の問題として捉えられ
る。母と娘の関係において，母親の自己愛的な傾向が強いと，娘に対して親と
しての「取り計らい」を期待し，親の期待通りに「自動的に従って」動いてく
れるものと思い込んでいると考えられる。この自動的にというのが重要で，こ
れは無自覚に，さらには無意識にそのような行動が起こるのである。さらに，
自己愛による対象支配においては，「他者の自立性，感情は全く蔑ろ」（高石，
1997）にされているのである。支配する相手の思いや自主性，人格は全く考慮
されることなく，期待通りに動いてくれるものと思い込んでいる。

　日常の人間関係では，このような特権意識的な態度は，鼻につくし，「人の
こと，何だと思っているんだ」（高石，1997）という怒りの感情が湧き起こり，
特別有利な取り計らいを期待されても，無視したり，その必然性のないことを
訴えたりすることになる。ところが，世話する―世話されるという絶対的な上
下関係の中で育ってきた母娘関係においては，母親のこのような自己愛的な態
度に接すると，娘はその不自然さ，蔑ろにされていることへの怒りすら感じる
ことができずに，親の期待通りに動くことで，関係を維持しようとするのであ
る。

　高石（1997）は，このような他者を効果的に支配しようとする方略による対

第1章　母と娘の関係性

象支配を，"ナルシシスティック・コントロール"として提起している。

　娘が親に感じる「申し訳ない」という思いこそが，親が子どもを支配し，意のままに操ることができる巧妙な方略であり，「原初的な母子融合状態」という小さいころからの母娘の特異な関係性がルーツとなっている。母親のこのようなナルシシスティック・コントロールが成立するには，娘の側にも特異な関係の取り方が必要となる。つまり，コントロールされる側の能力として，「隠れた努力」を見抜く敏感さと，それに対して「申し訳ない」と感じることができる能力が必要なのである。さらには，コントロールされていることに対しての特異的な「鈍感さ」がある。母子関係という融合的な一体感の中で育ってきた母と娘は，お互いのことを気遣う独特の感覚を身に付けており，特に母親への感覚は鋭敏であり，母の思いをくみ取り，それにうまく対応できない自分を責めて，申し訳なく感じやすいと考えられる。そして，そのような融合的な関係であるからこそ，母親の自己愛的なコントロールに対し，違和感を感じたり，反発を感じたりすることはなかなか難しく，むしろ母親との差異を感じることは許されないような感覚に陥り，特異な鈍感さを持つことになるのである。

　さらに高石（1997）は，このナルシシスティック・コントロールの中で，母娘関係への変更（相手の意向を「察して」沿おうとすることを止めること）を促すことは，我が国においてむしろ不適応的な方向を暗示しているように感じるに至ったと述べている。つまり，この国を支えている「申し訳なさ」を媒介にした関係と，心理臨床で求められる「自立」や「成長」といった概念とは，基本的に相いれないところがあるのではと指摘する。この指摘は非常に興味深いところであり，これまでの日本の風潮として，親から分離して自立することが求められてきた発達，成長という概念が，この母娘関係においては，どうもそう簡単にはいかないのではないかということであり，人の心の成長，自立を考える上でも，何か本質的なところを含んだ，示唆的な関係性であると考えられる。

3）期待とあきらめの心理

(1)　母親の期待とあきらめ

母娘関係を考える上で，もう一つの視点として，母親から娘への期待というものがある。母親は，自分の子どもに，このような子に育ってほしい，このような道に進んでほしい，といった願いを持つものである。とりわけ，母親にとって同性である娘に対しては，自分の人生とも重ねやすく，さらに自分自身が実現できなかった道を，子どもに託して期待するというのは，起こりやすいことである。

大日向（2016）は，母子密着の問題を，単に教育熱心のあまり子離れができないというだけではなく，「自分では実現できなかった人生の理想を娘に託したい母親の願望が背後に潜んでいます」と指摘する。そして，「実際には，夢がかなえられなかった時代に生きた母親世代の悲しいあがきの代償が娘への干渉となっているのです」と述べ，母娘関係における密着した，干渉的な母親の態度の背後に，叶えられなかった夢への期待が含まれていることを指摘している。

筆者も，これまでの不登校児童生徒の保護者面接を通して，親の期待とあきらめのプロセスについて，注目してきた（内田，1992：2011b）。

親の子どもへの期待は，まずその発達段階に応じて変化が見られる。幼児期は，周りの子どもと仲よくなって，楽しく遊んでほしい，きちんと挨拶ができ，礼儀正しい子どもになってほしいなど，社会志向的な側面での期待が中心であるが，児童期から思春期に入ると，その期待の内容が次第に個人志向的なものになる。つまり，周りの子と比べて，ブランコに上手に乗れるようになる，かけっこが速い，漢字もたくさん読めるようになる，といった個人の能力に関する期待が強くなる。そして，そのような期待の在り方として，筆者は，子どもを自分の思い通りに動かしてコントロールしようとする「操作的期待」と，子どものありのままの姿に対する親としての純粋な期待である「子どもへの思い」があるのではないかということを指摘した（図1）。

親の「こうあってほしいと願う気持ちそのものが，否応なく子どもの人生にかかわってくる」（裵岩，2013）のであり，それは親子関係という一体感の中

図1　期待とあきらめのプロセス（内田，2014）

で，長く共同の生活をするという状況から考えて，当然の影響である。問題は，その親の期待が，子どもにどのように伝わり，親子関係，特に母娘関係において，どのような影響を及ぼすかということである。これまで述べたように，母親が，娘を自分の延長上のもの，または自分の所有物であるかのような扱いをし，娘に期待という形で，思いを伝えながら娘を自分の思い描いた方向に持っていこう，コントロールしようとする時に，母娘間には大きな離齬が生じ，認識のズレ，理解し合えなさという傷つき，混乱をきたし，錯綜する。

　裳岩（2013）は，「自分の敷いたレール通りに娘を歩かせたいと願う母親の場合，自分にも親の敷いたレールを歩かされたという怨念があったのかもしれない。だから娘だけが自由な道を進むのは許せない，娘がそれをするのは自分への裏切り行為に思えたとも考えられる」と述べ，娘を自分の敷いたレール通りに歩かせようとする親の期待を指摘している。母親にしてみると，子どもの将来を思い，自分のこれまでの人生経験を振り返り，多くの苦難の道があり，つらい思いをしてきているがゆえに，せめて子どもにはそのような思いはさせたくない，幸せな人生を歩んでほしいと願うのは当然である。そして子どもを自分の敷いたレールの上で，安全に，幸せに歩かせたいと思うのである。しかも，それが母親と同性（娘）であれば，ほぼ同じような人生を歩む可能性があるだけに，安心のために，なおさら自分の敷いたレールを歩かせたいと願うのだろう。そして，その願いは，親の期待として，子どもに伝えられていく。

　これは，多くの母娘関係において程度の差はあれ，見られることである。そして，その期待に対し子どもは，母親とは異なる意識・人格を持った存在として，次第に母親の期待に違和感や窮屈感を覚え，親の期待に沿わないように，

さらには親の期待を拒否するようになり，自分なりのレールを敷いて，歩んでいこうとするのである。

　これは，一般的には，思春期の第二反抗期にあたり，また心理的な自立の過程でもある。ところが，親からすると，期待を伝えてその通りに動いてほしいのだが，子どもはそれを無視したり，反発したりするので，親の期待は行き詰まり，母親は苛立ちを感じ，思い通りに動いてくれない子どもに憤慨し，落胆する。

　このような状況で，多くの親は，これは子どもが自分なりの道を模索し，歩こうとしているのだと受け入れ，親が子どもを自分の思い通りにしたいという操作的な期待をあきらめていく（断念する）ことになる。ここで，筆者は，この「あきらめ」を二重の意味で捉えた。子どもを思い通りにしたい，自分のできなかったことをやってほしいという操作的な期待を断念し「諦める」という意味とともに，親自身のこれまでの葛藤や願望，自分では叶えることができなかった夢を子どもに託していたのかもしれないといった思いを含んだ操作的期待が次第に明らかになるという「明らめ」の意味が含まれていると考えているのである。つまり，親と子がぶつかりながら，自立し成長していくためには，この二つの「あきらめ」が必要なのである。

　ところが，このようなあきらめのプロセスが起こらない場合がある。それは，親の操作的期待が相当に強烈であり，子ども自身がその期待に違和感すら覚えることができず，それがすべてであり，その通りにやっておけば間違いはないのであると感じてしまう場合である。これは，すでに高石が，親子のナルシシスティック・コントロールにおいて，子どもはコントロールされていることへの「特異的な鈍感さ」があると指摘したこととも通じるところである。

　母娘関係の苦悩を見てみると，そこに母親の巧妙なコントロールが働いており，娘は操作的な期待により動かされている。そのために娘が自らの人生を，主体的に生きることが難しくなっており，母親への罪悪感やすまないという思いで，親に尽くしていくというパターンに目を向けて意識化するというのは，相当に難しいことのようである。そこでは，娘には，何か窮屈な感じであり，自分の時間を自由に楽しめないという感覚だけが残るようである。この二者の間に起こっている事態の自覚のしにくさ，見えにくさこそが，母娘関係と

いう特異な関係を理解する上では，重要な視座である。

　(2)　娘の期待とあきらめ

　期待には，娘から母親に対する期待も見られる。つまり，母親は子どものために，お願いすれば何でもやってくれるのではないか。他の母親はみんなやっていることなので，自分の母親も当然のようにやってくれるのではないか，という意識が働く。成人した後でも，自分が仕事をするのに，母親としてきちんとサポートしてくれるのでないか，子どもが生まれたら，母親として自分の望んでいる手伝いをしてくれるのではないか，と期待してしまうのである。

　これは，子どもとしては当然であり，子どもの成長を願い，幸せを願っている母親であれば，子どもが困った時は助けてやり，我が身を捨ててでも，必死になって支えてくれるのではないか，という思いが湧いてくるのである。しかし，全ての親がそのようにできるわけではなく，娘の期待に応えられない母親も多い。このような事態に対し，大日向（2016）は「母親との葛藤から真に解き放たれるには，酷なようですが，母親への期待を捨てる必要があるでしょう」と述べ，出産時に思うように手伝ってくれなかったことに不満を語る娘に対して「なぜそんな母親に手伝いやいたわりの言葉を求めるのでしょうか」とコメントし，期待を捨てることを勧めている。これはまさに，子どもの親への期待の断念であり，「あきらめ」である。ただし，このあきらめは，思うほど簡単ではなく，あきらめようと思っても，なかなかあきらめきれずに，やはりまた期待してしまうということの繰り返しになることが多い。大日向は，「あなたがどれほど実母の言動に悩まされているかが想像されます。しばらくは会わずに，冷却期間をおくことをお勧めします」と助言している。

　子どもから親への期待は，子どもなりの親への思い，「手伝ってほしい」，「支えてほしい」という願望があり，さらには母親に甘えたいというような子どもなりの願いが含まれている。その期待をあきらめるとは，複雑に入り組んだ思いが「明らか」になり，自分が本当は甘えたかったのに，その甘えを満たしてもらえなかったという悲しい体験を見つめる，つらい作業でもあるので，娘としてもそう簡単に「あきらめる」（明らめる）ことはできないのである。そして，この母親に助けてほしい，支援してほしいという期待は，娘から母親に家事の支援や育児への協力などの願望として生じることがあり，母息子

に比べると，特に強く働いていると考えられ，母娘関係はさらに難しく特異な関係性となっていくのである。

3　世代を超えてつながる母娘

1）娘－母親－祖母の関係

　母親の子どもへの自己愛的なコントロールの問題や子どもを自分の希望通りの進路や仕事に就かせたいという操作的な期待について考える際に，母親自身は，どのような人生を歩み，親子関係を生きてきたのだろうかという疑問が湧いてくる。これだけ強い母娘の関係を理解していくには，単に現在の親子関係における情緒的なつながりだけでなく，それ以前の人間関係による経験が大きく影響している可能性がある。裴岩（2013）は，「このような歪んだ関係が生じる原因は，娘を苦しめる母だけにあるのではない。娘を苦しめてしまう母たちもまた，その母からの抑圧的な，あるいは攻撃的なメッセージにさらされてきていた。つまり，紹介した母娘の間で展開されていた愛憎劇は，母親の母，あるいはそのもっと前の代から受け継がれてきた苦しみの果ての姿なのである」と指摘する。そして，裴岩は，この前の世代から受け継がれる強い情緒的なつながり，繰り返しを「絶望と怒りが生み出す悪しき連鎖」と表現している。

　母親と娘の関係を見つめる時に，母親の言動の背後に，「自分の人生を生きることが叶わなかった母世代の切なさ，人によっては怨念のようなものが，しばしば見え隠れします」（大日向，2016）という指摘もある。

　さらに裴岩（2013）は，「自分の敷いたレール通りに娘を歩かせたいと願う母親の場合，自分にも親の敷いたレールを歩かされたという怨念があったのかもしれない。だから娘だけが自由な道を進むのは許せない，娘がそれをするのは自分への裏切り行為に思えたとも考えられる」と述べ，いずれも母親の「怨念」という表現を使っている。怨念とは，他者に対する「恨みの思い」「遺恨」というように，非常に強い情緒を他者に向けるものである。つまり，母親の子どもへの強い情緒的なつながりは，ときに操作的な期待になり，子どもを

第1章 母と娘の関係性

自分の思い通りにコントロールしたいという願望となり，それから外れた子ど
もは認められないし，裏切り者であると断罪し，強い憎悪すら感じるようにな
るのである。あるいは，自分が得られなかった親からの愛情を子どもには十分
に施してやりたいという支配的な愛情となり，ナルシシスティック・コント
ロールとして，子どもに向けられることになる。

　このように母親の操作的で，自己愛的な支配欲に彩られた人間不信は，母親
たち自身が自分たちの母親，そしてその育った環境から受け継いできているも
のであり，これは世代間伝達と言われるものである。

　この世代間伝達も，親子関係においては，母息子よりも母娘に起こりやすい
と考えられている（裵岩，2013）。息子より娘に世代間伝達が起きやすい要因
について，二つの連鎖が考えられる。

　一つは，「ネガティブ連鎖」と言われ，親の不安やストレスが子どもにも伝
わることで，子ども自身がその不安やストレスを敏感に感じ取り，受け継いで
いくというものである。現代の母親は，家事や育児をする中で，多くの不安や
葛藤にさらされている。それは，単に専業主婦として家事と育児を中心に考え
ればよいという時代は終わり，社会の中でいかに仕事もして，家事や子育ても
して生きていくかという両立を問われる時代であり，そのバランスをどのよう
に取るかは，それぞれの母親に任されているのである。それゆえに，子育ての
不安や育児ストレス，一日家で過ごす孤独感や虚しさ，家事や育児における不
満や苛立ちは，高くなっている。そのような母親の不安や苛立ちは，夫にもな
かなか理解してもらえず，母親の心の中に内在化しやすく，最終的にはそのど
うしようもないもやもやした感じは，子どもに対して直接的に，あるいは間接
的に表現されることになる。その際に，母親の不満や苛立ちに敏感なのは，同
じ性である娘の方であり，ネガティブな感情の影響を受けやすい立場にある。
娘には，母親の機嫌を感じとる鋭敏なセンサーが働いていると考えられる。ま
た，母親も娘なら同性として，話さなくても自分の思いをわかってくれるので
はという思いがどこかにあり，心の中にある感情をぶつけやすいのである。こ
のようにして，母親の日常的なネガティブな感情が，娘に受け継がれているの
である。

　次に，子どもは，母親の性格や考え方，子どもの育て方というものを，気づ

かないうちに取り入れ，ときには嫌悪しているにもかかわらず踏襲していることがあり，これは「心理的連鎖」（裴岩，2013）と呼ばれるものである。

　親子関係におけるこの心理的連鎖は，アルコール依存症の家族におけるアダルトチルドレンとして，また虐待の連鎖として，注目されてきている。心理的連鎖は，多くは母親との間で，子どもが自分の気持ちを十分に理解してもらえてないと感じる共感不全や，気持ちをうまく表現できず，気を遣い，どうせわかってもらえないのでは，という不満や怒りの体験を通して，伝達されていく場合が多い。つまり，母親であればわかってくれ，手を差し伸べてくれるのではという「依存」と，子どもの求めるものを上手に与えてくれない母親への，甘えが満たされないことの裏返しとしての「怒り」からくる葛藤状態に関連している。これらの複雑な感情が，その後の成長や性格の形成に大きく影響し，子どもが大人になった後も，影響を及ぼし続けるというものである。

　裴岩（2013）は，この心理的連鎖を，母親の独善的か協調的か，また娘の依存的か自立的か，のタイプにより4つの組み合わせを考え，娘：依存的―母：独善的のパターンが，最も悪しき連鎖が起こりやすいと述べている。このように，母娘の心理的連鎖は，母親，娘双方の性格やタイプの組み合わせによって決まってくるところがあり，母親だけの問題ではないと考えられる。しかし，そこで，もう少し踏み込んで考えると，娘の依存的か，自立的かは，母親との関係の中で形成されてくるものであり，独善的なタイプの母親から，自立的な娘が育ってくる，ということは考えにくく，必然的に母親のタイプによって，かなりの部分は決定されている。それゆえに娘にとっては，意識化しにくく抗いようもないものなのである。

　「あんな母親のように，絶対になりたくない」と心に決めて，家を飛び出し，新しい家庭を築いていった娘が，子どもを虐待し，結果的には母親と同じことを繰り返していた，ということは，現実によく起こり得ることである。

2）母娘の愛着関係と世代間伝達

　渡辺（2016）は，乳幼児の精神保健の観点から，母子への支援を行う中で，心の「世代間伝達」の最初の舞台は，乳幼児期の赤ん坊と母親の相互作用であ

る，と述べている。つまり，習俗慣習や伝統文化と同じように，情緒の世界も育児と家庭生活を通して，親から子へと伝達されるのである。実際には，赤ちゃんが生まれてくる前から，夫婦（父親と母親）がどのように子どもを授かったことを受け止め，出産までにどのような関係を築いてきているかが重要になってくる。それは，赤ん坊は，母親のお腹の中で，母親の感じる不安や葛藤，ストレスを敏感に感じ取って，その影響を受けているのではないかと言われているからである。

　それだけ，母親と子どものつながりは強く，赤ん坊は知覚様式を問わず，母親の精神状態というものを，母体の羊水の中で，感じ取っているのである。さらに，赤ん坊は生まれてからも，母親に葛藤や苛立ち，抑うつ感情等があると，母親の微妙な表情の陰り，声のトーン，テンポのずれを感じ取り，赤ん坊はそれを不快な，心地よくないものとして感じるのである。渡辺は，赤ん坊が2歳の頃両親が離婚に至ったケースや不登校の小学生が父親から暴力を受けるというケースを通して，世代間伝達について紹介している。

　離婚のケースでは，父親の実父（祖父）に，嫉妬妄想があり，父親が生まれたとき，実母（祖母）に「これはおれの子ではない」と赤ん坊（父親）を拒絶したというエピソードがあり，そのような環境で育った父親もまた自分の子どもが生まれる時に，不安定になり，妻をいじめ，つらく当たるようになった。また，小学生への暴力では，父親の実父が，早くに両親を亡くし，親戚を転々として苦労しながら生きてきた歴史があり，我慢強いところがあるが，気に障ると人が変わったように暴力をふるうことがあった。父親はそのような実父を恨み，そうならないようにしようと新しい家庭を築いたのであるが，結果としては実父と同じように子どもに暴力をふるうようになったのである。

　これらは，いずれも親自身が意識することなく，自分が経験した体験が，そのまま子どもにも繰り返され，自分ではコントロールできなくなっているのである。これは，親自身が子どもに接することで，忘れていたはずの自らの幼児期や児童期の感覚・感情が蘇り，なかなか思うようにいかない事態やわがままを言う子どもに，自分でもわからないまま衝動的に怒りをぶつけたり，冷たく接したりしてしまうのである。子どもには，このような大人の幼児期の感覚・感情をかき立てる要素が含まれており，渡辺はこれを「刺激体としての乳幼

児」と述べている。このような心理的連鎖に影響を与える一つの要因として，「愛着」という視点がある。

　「愛着」とは，ボウルヴィ（Bowlby, J.）により提唱されたものであり，子どもが乳幼児の時期に，その養育者との間で（多くは母親との間で）形成される心の絆であり，乳幼児は生まれながらに母親との一体感の中で，安心感や安全感を体験し，自身の生存の安全を確保し，心の中核を形成していくというものである。さらにその愛着理論をベースとして，エインズワース（Ainsworth, M. D. S.）は，1歳児が母親との分離と再会を体験した場面における反応から4つの愛着パターンを見出している（渡辺，2016）。

A（回避）型：再会時に乳児は母親を避ける。

B（安定）型：再会時に母親を求めしばらくすると落ち着く。

C（両価）型：分離時と再会時に母親に両価的な感情（親しみと怒りなど）を示す。

D（混乱）型：再会時に立ちすくむなど異様な混乱を示す。

　この乳幼児期に形成された愛着のタイプは，その後も子どもの成長に大きな影響を及ぼし，自己に対するイメージと対他者に対するイメージを形作る認知的な枠組みとして，子どもの心の中に組み込まれていく。これは，内的作業モデル（Internal Working Model）と言われ，その後の自己評価や対人関係を決定する外界への働きかけのパターンとなる。

　さらに，愛着の世代間伝達については，メイン（Main, M.）らによる成人愛着面接と言われる半構造化面接により，親の愛着を3つのタイプに分けている（渡辺，2016）。

①自立的—安定型：幼児期の愛着体験をありのまま，まとまりある形で語る。

②没入型：葛藤に満ちた幼児期の愛着体験をとめどなく語る。

③却下型：葛藤を否定し，たてまえのよいところのみ語る。

　このように幼児期の体験をどのように語るかによって分類される親の3タイプは，乳児の安定型，両価型，回避型に対応している。つまり，親と子の愛着パターンの関連をみると，自立的—安定型の親が安定型の乳児を，没入型が両価型の乳児を，却下型が回避型の乳児を生み出す，という親子で対応する愛着の伝達が見られ，愛着パターンが世代間で伝達することが示されている。

第1章　母と娘の関係性

　私たちの愛着は，育てられる過程で自分をケアしてくれる相手に対してどのように感じるかで形成され，それを基盤としてしだいに愛着の対象が広がっていく。もともとの愛着関係が安定していると，新しい愛着対象との関係つまりその後の対人関係も，落ち着いたものとなる。

　愛着理論によって，親の子育ては，親自身が受けた幼児体験によって大きな影響を受けることが示されている。つまり，厳しく冷淡に育てられた子どもは，厳しく冷淡な親になり，温かく寛大に育てられた人は，温かく寛大な親になる。さらに，虐待されて育った子どもは虐待しやすい親になりやすい。このように，乳幼児期における母親と子どもの関係は，非言語的，感覚的な部分でつながっており，とても敏感であり，心と身体は鋭敏に響き合って一体的であるので，その影響も大きくなる。

3）母と娘の心の「重ね合わせ」

　ここでこの母娘関係をどのように理解し，さらに支援という視点から，どのように関わっていけばよいのかを検討するために，「心の重ね合わせ」という新たな視点を導入したいと思う。

　母娘関係を理解する上で，人の心を，何年もの年月をかけて形成される地殻・地形を持った大陸の島に擬えて，理解してみることが有効であると考えている。陸地はその地下にあるマグマの流れにより，さまざまな力が働き，地表面が隆起したり，陥没したりすることで，山や谷を作り，そこに長い年月をかけて，雨が降ることで地表が削られ，雨水が山間を削りながら川となって，海に流れ込んでいく。この地殻の変動により，海面より上に出た部分が島となり，人が住めるような陸地となっていく。人の心をこの海面より上に出た島に擬えてみるのである。島の形はマグマの押し上げの強さや地殻の軟らかさ，隆起の仕方によってそれぞれに異なった形をしている。人の心もこの島と同じように，さまざまな力や自然環境により，異なった形状，地表面を形成し，同じ島になることはまずあり得ない。しかもこの島の形成は，初期は，マグマの動きが活発で，地殻自体も軟らかなので流動的であるが，マグマが冷えて固まってくると，強固なものとなり，また年月をかけて地表面は削られて，幾重もの地層を

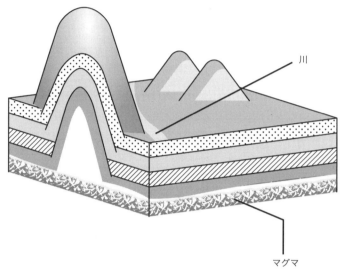

図2　心の島の形成

重ねていくので，次第に地殻は厚くなっていき，その動きが少なくなっていく。地殻の褶曲による高い山岳地帯やマグマの噴火が地表面で固まった地域は，硬い岩盤に覆われており，なかなか植物も生息できずに，荒涼とした世界が続く。このようなひとまとまりになった地殻が，海水面から隆起し，島となったものを人の心だと理解してみると，なだらかな丘陵地の島や険しくそそり立つ岩山に囲まれた島，川の流れに沿って盆地や平野が広がる島が考えられ，それぞれが心の柔らかさ，こだわりや感情の強さに対応していると考えられる。人の心・性格もこのようなプロセスで，作られたものとして理解してみると，何年もの自然環境の影響（大雨や台風，猛暑や寒冷など）により，次第に変容し地層が重なったものと理解できる。そうやって形成されてきた島の形状（鋭角に尖った山やなだらかな丘陵，深い谷や切りたった崖，大きく広がった湿地帯など）は，その人の心の個性として，その人を特徴づけているのである。この様子を立体的に示したのが，図2である。

　人の心を島にたとえると，心というものをほとんど持っていない生まれたての赤ちゃんは，ほとんど海水面から出るか出ないかぐらいの平らな状態である。

第 1 章　母と娘の関係性

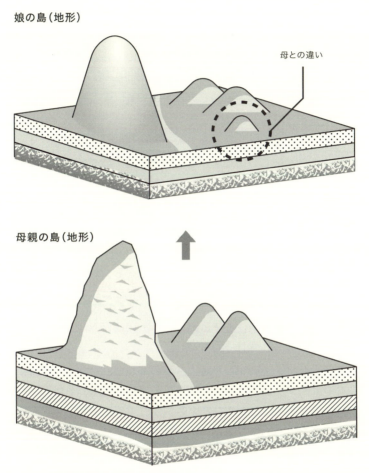

図3　母と娘の心の島の重ね合わせ

　それが，母親との関係，具体的には下から母親の心の島が子どもの心の島に重ね合わせるように近づくことで，子どもの島の同じような場所のマグマが刺激され，母親とほぼ同じような形状の地殻が少しずつ形成されていくと考えられる。つまり，平板でまだ薄く軟らかな子どもの地殻に対し，その下から母親の

心の島を重ね合わせると，子どもの地殻に変動が起き，まるで鋳型を押されたように，母親と相似的な子どもの心の島が形成されていく（図3）。

　子どもの心は，特に乳幼児の時期は，ほぼ毎日母親と接しており，多くの出来事・体験を母親と共有し，母親と同じようにマグマが刺激され，地殻変動が起き，地形が隆起してくる。さらにその体験が劇的で，外傷的である時には，大きな振動が起こり，地表面が激しく揺さぶられ，大きな地殻の褶曲が起こり，険しい山が出現し，時にその隆起した山が割れて噴火し，マグマが直接地表に現れてくるイメージとなる。つまり大きな外傷体験は，強いマグマの隆起として現れ，切りたった険しい山や崖として，その島の特異的な形状として残っていくのである。そして，その鋭く尖った山の凹凸が，そのまま次の世代に，子どもを育てるという母子の相互作用の中で，受け継がれていくと考えられる。図3における左側の高い山がそうである。子どもには，そのような過酷で外傷的な体験が長期にわたり繰り返し起こると，地殻変動の動きが激しく，ごつごつとした岩場が多くなる。逆にそのような地殻の変動が少ないと，歳月による風化により，地表の山は次第に風雨により削られ，なだらかになり，土砂は川によって平地に運ばれて，堆積物が積もっていく中で，植物や動物を育む緑豊かな土地，つまり情緒的にも潤いのある心の状態になっていくと考えられる（図3：右奥，2つの山や川の流れ）。

　心を，地殻としてイメージした時に，心の重ね合わせでは，その二つの地殻が重ね合わされるが，母親はすでに数十年の経験（地層）を重ねてきているので，母親固有の地形（地殻の変動による個々に異なる山や谷）を形成してきている。他方，子どもの心は，これから形作られるので，ほぼフラットに近い状態であり，柔軟性も高いと考えられる。したがって，母親からの影響，刺激で子どもの地殻は容易に変動し，母親と近似的な地形が形成される。

　このように心を重ね合わせることにより，娘に母親と同じような形状の起伏が生まれ，似たような感覚・ものの見方や感じ方を持つようになるのである。母娘関係において，母の心の地殻と娘の心の地殻が重なる時に，それが近似的にほぼぴったりと重なり合うような形状になっていく要因がいくつか考えられる。

　まず，1つ目は，生物学的に，遺伝子のレベルで，娘は母の遺伝子の半分を

第1章　母と娘の関係性

引き継いでいるのであり，体型や容姿，髪の毛やつめなど，身体的な特徴の類似性と同じように，心のありようにおいても，ある程度遺伝的に受け継がれる部分はあると考えられる。つまり，娘の地殻の硬さ，マグマの動きなど器質的なものは生物学的レベルで母親から受け継いでいる部分であり，それゆえに母娘間の類似性は必然的に高くなることが考えられる。

　2つ目には，これまでの母子研究などで示されているように，24時間同じ空間と時間を共有するという密接な関係の中で，必然的に母親の応答，目の輝きなどが，子どもの心のありように影響を与え，同じような感覚，感性が刷り込まれていくことである。ただし，ここで強調しておきたいのは，母子の親密な関係における情動調律（子どもの気分に波長を合わせ，響き合った反応をすること）や間主観的体験（母親の主観的体験と子どもの主観的体験との間の相互交流によって作り出されるもの）により，母親が望んだポジティブな面で子どもの心が形成され，成長するというだけではなく，母親の地殻に刻み込まれている全ての地形が，母娘間に固有の心の地形として，母親固有の感覚・応答を通して，形成されていくということである。したがって，ここでは情動調律の不調や共感不全による自己愛の傷つきというものも含めて，それら全てが母から娘へと受け継がれ，その母子の心の地殻を形成していくということである。

　3つ目には，母と娘が同性であるという点である。母と息子も，同じように母の遺伝子を半分受け継ぎ，常に一緒にいるという状況は変わらないが，母と息子では，性が異なるという決定的な違いがある。したがって地殻としての心を重ね合わせた時に，どうしても重ねられない部分（生物学的な差異）があるというのは，否定しがたい現実としてある。母と娘は，このような生物学的な差異がないのでより深い重ね合わせが起きやすいのである。

　しかし，ここで大切なのは，その母と子が同じ空間，同じ時間を過ごす中で，心の重ね合わせ，つまり，母親の心の島に，子どもの比較的平たんで柔軟性に富んだ心の島が，重ね合わせられるような状態が起こることで，母親のもつ心の地形（山や谷）にも，何らかの影響を及ぼし，母親自身の地殻が揺さぶられるという可能性があることである。

　このように心の重ね合わせという視点から見ると，母と娘は心を重ね合わせながらお互いに成長することになるので，かなりの部分で近似的になり，さら

35

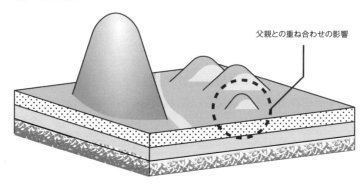

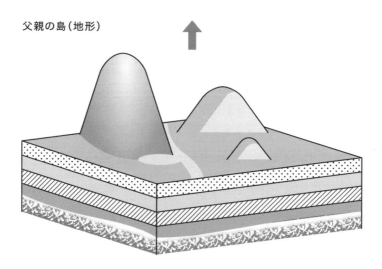

図4　父と娘の心の島の重ね合わせ

にそれは時間がたてばたつほど地層が重ねられ，強固なものになり，盤石の心の地殻が完成し，変容が難しくなる。その一方で，娘には父親から受け継いだ側面（血）も含まれており，また成長の過程では，母親以外の他者とも接することになるので，その影響も受けており，母親と完全に一体化することはあり

得ないことも重要である（図4）。

　このような強固な地殻としての心の地形に対して，あえて母と娘の違いを意識化することは，その存在基盤を失うほどの危機に陥る可能性がある。そして，このような地殻としての心の地形ができ上がると，他者に接する時には，これまでの親との関係による地殻のでこぼこで，他者と心を重ね合わせようとするので，基本的には，これまでの親との関係のパターンが，その他の対人関係にも当てはめられることになる。

　心の重ね合わせの考えでは，母と娘がそれぞれの心を重ね合わせることで，双方に変化が生じるという特徴がある。地殻としては，母親の方が，年月が経ち，多くの経験を重ねているぶん，幾重もの地層が折り重なり，強固であり，他方子どもの地殻はまだ軟らかく，母親からの影響は受けやすい。しかし，母親の地殻が全く変動しないかというと，そうではなく，近似的なパターンであるだけに，わずかなズレによる相互作用を起こすことも考えられ，母親の心にも何らかの地殻変動を生じることになる。たとえば，娘との関係で苦労している母親は，人間不信に加えて，自分の内面のどこかで自信が揺らいでいる人ほど，娘をうまく育てられる気がせず，娘がやがて自分を裏切るという幻想を持ちやすいところがある。

　長い間人間不信，自己不信を心の中に抱えてきた母親にとって，娘が生まれたことは大いなるチャンスともいえる。娘を信じるということは，自分を信じ直すことである。自分を信じることができれば，もう一度人を信じられるようになるという可能性もある。つまり，母と娘の出会い，心の重ね合わせは，娘と共に母親自身が成長し，変化する貴重な体験の空間なのである。

　この母親の地殻の変動については，第6章において再び検討する。

第**2**章

母娘関係と父親の役割

1 家族における父親の存在

1) 父親役割の変化と直接的・間接的影響

　これまでの家族研究は，子どもの出産，成長という過程において，母親の占める割合が多かったことや，人生早期の母親との心理的な絆である愛着形成の重要性が指摘され（Bowlby, 1973／黒田・岡田・吉田訳，1977），母子関係に重点を置いたものが多かった。日本での研究に目を向けても，第1章で取り上げたように，母娘関係など，母親の子どもに対する影響についての研究がほとんどで，父子関係を扱った研究は少ない。これは，育児は母親が行うもので，父親は家庭の外で働くものだという日本の伝統的な性役割観が大きく影響している（柏木，1993）。しかし，現代においては，男女雇用機会均等法が制定され，女性の社会進出が進んでいるなか，女性が家庭を守り，男性が外で仕事をするというような伝統的な性役割観は薄れてきている。また，核家族化が進行していることもあり，男性の育児参加や家庭回帰の声が高まっている。これらのことから，父親研究の重要性は高まっており，子どもの成長において，父親

の視点からの研究が必要であると考えられる。

　父親研究はここ 30年ほどの間にその重要性が見直されてきた。国際的にも，1980年代から「性役割」概念をめぐる研究を中心として，その後，さまざまな研究が行われるようになった。そこでは，男性・女性に対する社会・文化的期待やその認知，受容，あるいは葛藤に関する研究が行われ，その後はジェンダー心理学として，心理学の一分野として確立してきた（柏木，2008）。しかし，このジェンダー心理学が扱ってきたテーマは，ほとんどが女性の心理発達に関するものであった。それは，女性が多くの具体的な場面において，不当に差別を受けてきたというようなジェンダーに関する問題意識が高かったという背景があるが，ではジェンダーの問題は女性だけであり，男性の心理発達は関係ないのか，といった疑問も提起されている（柏木，2008）。とりわけ夫婦関係や子育てにおいては，女性の心理学的問題は，男性の問題と表裏をなしており，父親の労働条件や育メンといわれるような男性の意識の変化など，家庭における父親の役割や位置づけについて，社会情勢が大きく変化してきている現在の視点から再検討することが必要になってくる。

　母子関係の研究に比べると数は少ないが，父親の家庭における影響に関してさまざまな知見が得られている。それらを見ていくと，父親の子どもに対する影響は，直接的影響と間接的影響の２つがあると考えられる。直接的影響についての研究では，父親の子どもへの直接的関与や態度・発言からの子どもの性役割観の形成，独立意識，価値観形成への影響を調べたものであり，父親から子どもに対しての直接的影響がさまざまな面でみられている。

　父親の子どもへの影響のもう一つの側面は，間接的影響である。これは，父親の養育態度や家庭関与が母親の養育態度や家庭の雰囲気に影響し，結果として子どもに影響を与えるというものである。父親の家庭での態度が母親の育児不安に影響を与えていることや，幼い子どもの母子分離において，父親の働きかけが重要な役割を担ってきていることがわかっている（牧野・中野・柏木，1996）。これまで述べてきた母娘関係における父親が果たす役割は，この母子が密着し，母子分離が難しいといった状況において，父親はどのような役割を担っているのだろうか，というところに注目していくことになる。

　父親の役割を調べた酒井（2004）の研究では，思春期から青年期の子どもを

持つ父親にインタビューを行い，子どもだけでなく，妻や家族全体への関わり
をみる父親役割尺度を作成している。その下位因子として，「子どもとの関わ
り」「母親との関わり」「父親の家庭関与」「リーダーシップ的役割」「家庭内の
緩衝機能」が抽出されている。「子どもとの関わり」が子どもとの二者関係を
捉えた直接的影響であり，「母親との関わり」「父親の家庭関与」「リーダーシ
ップ的役割」「家庭内の緩衝機能」が，父－母－子の三者関係を捉えた間接的
影響にあたる。父親の影響を考える上で，近年，父親観が変化していることは
重要な視点である。伝統的な性役割観が根付いていた時代には，父親は家庭の
中で中心的な権力を持った存在であった。それは父親が家庭の中で唯一社会に
出て働く存在だったことが大きく影響していた。そして，そのような父親には，
男性性や社会性，道徳性を子どもに示すことや，子どもの反抗の対象（壁）と
なる役割が求められた。父親の直接的影響についての研究は，このような父親
観に基づいていると考えられる。

　しかし，先述のように現在の日本社会では性役割の平等化にともない，父
親のあり方も変化してきた。父親の権力・権威は意識されることが少なくな
り，社会性や道徳性を子どもに伝えるのは，父親だけの仕事ではなくなってい
る。また，男性性という概念も現代ではあいまいになってきている。このよう
な父親観の変化から，父親に求められる役割も変化している。父親の間接的影
響に示されているような，母親を支えることで家族の安定を保ったり，母子関
係に介入することで子どもに三者関係を意識させたりする役割である。最近の
家族関係を見ていると，父親の直接的な影響というよりも，むしろ家族システ
ム，家族の雰囲気への影響という形での間接的影響の方が子どもの発達に重要
な意味を持っていると考えられる。

２）子どもの不適応と父親の役割

　ところで，思春期の子どもの不適応行動には，不登校や引きこもり，摂食障
害などさまざまなものがある。さらに，思春期の問題に続いて，青年期の若者
にも，引きこもりや「ニート」，「パラサイトシングル」などと呼ばれる不適応
を示す者がみられ，これは本書で取り上げている母娘間の密着した関係の問題

の延長上にあると考えられる。

　思春期は，身体的・社会的な課題に直面する重大な時期であり，親の関わりが難しい時期だとされる（松平・三浦，2006）。また，思春期は「心理的離乳」が始まる時期であるともいわれ，子どもは，親とは異なる価値観を形成し，成長していくために心理的な自立が必要である。思春期の子どものさまざまな不適応行動は，この心理的自立に向かう葛藤や阻害されることで現れてきている反応なのである。

　田村（1996）の研究や，多くの事例の中で，思春期の子どもの不適応の背景に同様の家族形態があることが指摘されている。それは，母子の距離が近く，父親が心理的に不在の父親不在・母子密着型の家族である。第1章で見た母娘関係の錯綜した状況のひとつの背景として，この家庭における父親の心理的不在ということも考えられる。つまり，母娘関係が密着した状況にある子どもは，その間に割って入る父親の不在により，心理的離乳を達成し，自立していくことが難しくなっていると考えられる。

　ユングは母性と父性を「包む」役割と「切断する」役割としてとらえた。母性の原理は，良いものも悪いものも全て平等に包み込むものである。それに対し，父性の原理は，善悪，上下，主観と客観などを切断し，分割するものである。菅野（1987）は，この考え方を子どもの発達とからめ，父性はそれまでの母子一体の状態にある子どもを母性から引き離し，分離・自立を促していく機能であるとした。このことから，父親の心理的不在が子どもの母子分離を阻害し，子どもの不適応につながっていると指摘している。

　子どもの父親存在感認識の程度が，情緒的自立へどのような影響を及ぼすかを調べた松平・三浦（2006）の研究がある。その結果では，父親のしつけや父親と子どものコミュニケーション，父親の子どもへの関心などの因子に関しては，子どもへの影響を見いだせなかったが，父親への否定的な感情の因子のみが情緒的自立との関連を示した。つまり，子どもの情緒的自立には父親存在感認識以外に，影響を持つ変数が存在していることを示しているのである。これは，父親の影響が直接的なものよりも，むしろ間接的なものである可能性を示唆していると考えられる。

　以上のことから，本章では，子どもが思春期の頃に，父親が家庭でどのよう

な役割を担っていたのかを調べるとともに，それが青年期の子どもの心理的な自立にどのように影響するかを検討したい。父親の影響を直接的なものと間接的なものとに分けてとらえるために，酒井（2004）の尺度を用いる。この尺度では，子どもとの一対一の関係だけでなく，母親や家族全体に対する父親の行動も問うことができる。また，父親の影響を媒介するものとして，母子密着の要因を検討する。

　なお，調査研究では大学生を対象とし，思春期にあたる中学生の頃，父親がどのような役割を担っていたかを回想してもらう。このような方法をとることで，回答に実際の父親の行動と差が生じる可能性はあるが，子どもが認知した父親の行動，つまり「心の中の父親像」という観点は重要だと考える。また，大学生に回想してもらうことで，思春期の真っただ中にいる子どもよりも，当時の父親の行動や発言をある程度，客観視できるのではないかと考えられる。

2　父親役割に関する調査研究から

1）新たな父親役割尺度の作成

　酒井（2004）が作成した父親役割尺度は，父親へのインタビューから作成され，「子どもとの関わり」，「母親との関わり」，「父親の家庭関与」，「リーダーシップ的役割」，「家庭内の緩衝機能」の5因子からなっている。しかし，「家庭内の緩衝機能」については一貫した構造が見出されておらず，項目内容の検討が必要であると考えられる。また，今回の調査では，父親の母親との関わりにも重点を置いているため，「母親との関わり」因子の項目についても再検討し，項目内容を選定する。

　大学院生21名に対し，質問紙法で調査を行った。「あなたが中学生の時，あなたのお父さんは家庭内でどのような役割を担っていましたか。もしくは，一般的に，中学生の子どもを持つ父親が担うべき役割にはどのようなものがあると思いますか」と尋ね，自由記述で回答を求めた。

　調査の結果，父親の役割として，89の回答が得られた。これらを主にＫＪ

法の分析方法に従い，類似した項目をまとめた。そしてその項目を酒井の作成した父親役割尺度の下位因子にふりわけた。その結果，父親役割尺度に7項目追加し，計36項目となった。

2）父親役割から見た母子関係と子どもの自立

(1) 調査の目的と方法

1）で作成した父親役割尺度を用いて，子どもが中学生の頃に，父親が家庭内でどのような役割を担っていたのかを調査した。また，父親役割から現在の青年期の子どもの母子密着度，心理的自立へ，どのような影響があるのかを検討するために，以下の仮説を立てた。

仮説1：父親役割の下位尺度の中で，「母親との関わり」が母子密着に負の影響を与える。

仮説2：子どもが中学生の頃の父親役割は，青年期の子どもの母子密着，心理的自立に影響している。

仮説3：父親役割の影響よりも，母子密着の方が子どもの心理的自立に与える影響は大きい。

調査の方法は，まず調査対象者である大学生に，質問紙調査を集団で実施し，367名を分析の対象とした。有効回答率は96.2％であった。質問紙の内容は以下の通りである。

a）フェイスシート：性別，年齢，出生順位，中学生の時の家族構成，両親の雇用形態についてたずねた。

b）父親役割尺度：父親が家庭でどのような役割をとっているかを尋ねる尺度で，酒井（2004）の作成した29項目に，1）で作成した7項目を追加した，計36項目からなる。「あてはまる」「ややあてはまる」「どちらともいえない」「あてはまらない」「まったくあてはまらない」の5件法で行った。

c）母子密着尺度：藤田（2003）が作成した母子密着尺度（全28項目）のうち，14項目を抜粋して使用した。本来は4因子構造が想定されている尺度だが，これまでの先行研究から，1因子構造が妥当であると考えられたため，負荷量の高かった項目を抜粋した。「非常にあてはまる」から「まったくあてはまらな

い」までの７件法で行った。

d）心理的自立尺度（PJS‐2）：高坂・戸田（2007）が作成した心理的自立尺度全30項目を使用した。「非常にあてはまる」から「まったくあてはまらない」までの７件法で行った。

(2)　調査の結果

a）回答者の基本的データ

　フェイスシートの項目に従って集計をした。内訳は，男性176名，女性191名，計367名であった。出生順位は，第１子が55%，第２子が32%，第３子が11%，第４子以上が２%であった。中学時代の家族形態は，核家族が66%，拡大家族が24%，母子家庭が７%，父子家庭が１%，その他が２%であった。親の就業形態については，父親はフルタイムが89%であり，その他自営やパートタイムであった。それに対し，母親は，フルタイムが35%であり，パートタイムも35%，専業主婦が25%，その他５%であった。これより，母親がフルタイムとして常勤で働いていた家庭は３分の１ぐらいであり，後は母親がパートや専業主婦として家におり，その分子どもとの関わりも大きいと考えられる。

b）父親役割尺度の分析

　天井効果，フロア効果のあった５つの項目を削除し，主因子法・プロマックス回転で，因子数を５に固定して分析を行った。複数の項目に高い負荷量を示した６項目を削除し，再度分析した結果，25項目５因子構造となった。

　先行研究で想定されていた５因子とは異なる結果となったため，各因子については，新たに命名した。第１因子は，“お母さんと言い争いになった時，お父さんは後でそっとなぐさめてくれた”，“お父さんは私が失敗した時なぐさめてくれた”など，やさしい父親像を表す項目の因子負荷量が高かったため，【情緒的関わり】と命名した。第２因子は，“お父さんの意見は家族の中で重みを持っていた”など家族内での父親の立場の強さや，リーダーシップを表す項目の因子負荷量が高かったため，【リーダーシップ】と命名した。第３因子は，“お父さんはお母さんに仕事や外での出来事をよく話していた”など父親と母親の関わりに関する項目の因子負荷量が高かったため，【母親との関わり】と命名した。第４因子は“お父さんは自分の仕事の話をしてくれた”など父親か

ら子どもへの自己開示についての項目の負荷量が高かったため，【父親の自己開示】と命名した。第5因子は"お母さんに注意されている時，お父さんも横から口をはさんできた"など子どもへの注意やしつけに関する項目の負荷量が高かったため，【注意・叱責】と命名した。

内的整合性の確認のため，α 係数を算出したところ，父親役割尺度全体では $\alpha = .92$，下位因子の「情緒的関わり」では $\alpha = .85$，「リーダーシップ」では $\alpha = .87$，「母親との関わり」では $\alpha = .82$，「父親の自己開示」では $\alpha = .81$，「注意・叱責」では $\alpha = .64$ となった。「注意・叱責」の因子が他の因子に比べやや低い値となったが，尺度全体とその他の因子では高い整合性が得られた。

c）母子密着尺度について

天井効果のあった項目を1つ削除し，13項目について主因子法・プロマックス回転で因子分析を行った。その結果，2因子構造となり，先行研究から想定していた1因子構造とは異なる結果となった。よって，それぞれの因子を新たに命名した。第1因子は，"私は，母に学校であったことや，仲間のことをよく話す"，"私は買い物などに母と一緒に出かけることがよくある"など母親とのコミュニケーションや，行動をともにするかといった物理的なことに関する項目の因子負荷量が高かったため，【物理的密着】と命名した。第2因子は"私の元気がなさそうであったら，私の母は私を励ましてくれる"，"母は私のことを常に思ってくれている"など母と子の心理的なつながりを表す項目の因子負荷量が高かったため，【精神的密着】と命名した。

内的整合性の確認のため，α 係数を算出したところ，母子密着尺度全体では $\alpha = .91$，下位因子の「物理的密着」では $\alpha = .86$，「精神的密着」では $\alpha = .87$ となり，十分な値が得られた。

d）心理的自立尺度について

主因子法・プロマックス回転で因子分析を行ったところ，7因子構造となった。第1因子から第6因子までは，ほぼ先行研究と同じ結果となり，因子名はそのまま使用した。第1因子は「将来志向」，第2因子は「適切な対人関係」，第3因子は「価値判断・実行」，第4因子は「責任」，第5因子は「自己統制」，第6因子は「社会的視野」となった。第7因子は「社会的視野」と「責任」の逆転項目からなっており，これは「社会的責任」と命名した。

表1　父親役割，母子密着，心理的自立の t 検定結果（男女差）

尺度／因子	男性 n=176		女性 n=191		
	平均値	SD	平均値	SD	t 値
父親役割尺度	3.03	0.74	3.25	0.75	n.s.
情緒的関わり	2.87	0.87	3.14	0.89	2.89**
リーダーシップ	3.36	0.99	3.50	1.01	n.s.
母親との関わり	3.03	0.92	3.42	0.98	3.82***
父親の自己開示	2.89	1.11	3.18	1.11	2.48*
注意・叱責	2.98	0.84	3.06	0.98	n.s.
母子密着尺度	4.31	0.99	5.32	1.12	9.14***
物理的密着	3.97	1.20	5.21	1.30	9.52***
精神的密着	4.71	0.99	5.45	1.11	6.75***
心理的自立尺度	4.79	0.75	4.69	0.70	n.s.
将来志向	4.79	1.33	4.65	1.35	n.s.
適切な対人関係	5.07	0.88	5.23	0.76	n.s.
価値判断・実行	5.02	1.01	4.82	1.02	n.s.
責任	4.93	1.10	4.92	0.91	n.s.
自己統制	4.30	1.03	4.11	1.03	n.s.
社会的視野	3.98	1.27	3.40	1.18	-4.67***
社会的責任	4.84	1.21	4.75	1.00	n.s.

p***<.001,p**<.01, p*<.05

e）性別による差異について

　父親役割，母子密着，心理的自立の値に男女差があるかどうかを確認するため t 検定を行った（表1）。父親役割では「情緒的関わり」「母親との関わり」「父親の自己開示」において有意に女性の方の得点が高かった。母子密着ではすべての得点で，女性の方の得点が有意に高かった。そして，心理的自立では「社会的視野」において男性の方の得点が有意に高かった。

f）父親役割が母子密着に与える影響

　次に，父親役割が母子密着にどのような影響を与えているかをみるために，父親役割を独立変数，母子密着を従属変数として，重回帰分析を行った。その結果，決定係数はあまり高くないものの，父親役割の「母親との関わり」の因子において有意な影響が示された（表2，図6）。

g）父親役割と母子密着が，子どもの心理的自立に与える影響

　父親役割と母子密着を独立変数，心理的自立を従属変数として，強制投入法

第２章　母娘関係と父親の役割

表2　父親役割が母子密着に及ぼす影響

説明変数	β
父親の情緒的関わり	.130
父親のリーダーシップ	-.058
母親との関わり	.174*
父親の自己開示	.137
父親の注意・叱責	-.072
決定係数（R2乗）	.110***

p***<.001, p**<.01, p*<.05

図6　父親役割が母子密着に及ぼす影響

による重回帰分析を行った。その結果，決定係数は低く，βも.20未満であった。このことから，父親役割と母子密着から心理的自立への影響はほとんどないと考えられる。

これまでの分析において，父親役割と母子密着について男女差が確認されていることから，回答者を男女に分けて重回帰分析を行った（表3，図7，図8）。

その結果，男性においては決定係数が低く，父親役割と母子密着から心理的自立への影響があるとはいえなかった。しかし，その中で"リーダーシップ"の影響は有意であり，男性の心理的自立には父親のリーダーシップ行動がやや影響している可能性が示唆された。

女性においては，優位な決定係数が示され，父親役割と母子密着から心理的自立への影響関係が考えられる。その中で，精神的母子密着の影響は有意であり，女性の心理的自立に対して，母親との密着した関係が正の影響を及ぼしていると考えられる。また，父親の情緒的関わり，母親との関わりの影響は有意傾向にあった。βの値はあまり高くないが，わずかながら正の影響を及ぼしている可能性が考えられる。そして，父親の自己開示および注意・叱責に関して

表3 父親役割と母子密着が心理的自立に及ぼす影響（男女別）

説明変数	β 男性	女性
母子密着	-	-
物理的密着	.106	-.016
精神的密着	-.01	.311**
父親役割	-	-
情緒的関わり	.016	.192+
リーダーシップ	.256*	.122
母親との関わり	-.062	.190+
父親の自己開示	-.05	-.165+
注意・叱責	-.094	-.136+
決定係数（R^2）	.053	.223***

p***<.001,p**<.01, p*<.05, .05<+p<.10

図7 父親役割と母子密着が心理的自立に及ぼす影響（男性）

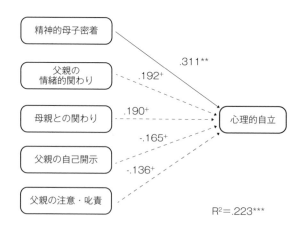

図8 父親役割と母子密着が心理的自立に及ぼす影響（女性）

は有意傾向で，負の影響を及ぼしている可能性が示唆された。

3　母娘密着と父親の役割

1）父親役割尺度と性差

　本調査での分析の結果，父親の役割は「情緒的な関わり」，「リーダーシップ」，「母親との関わり」「自己開示」「注意・叱責」の5つの次元で認知されていた。この結果は，酒井（2004）の父親役割尺度の因子構造とは異なるものであった。酒井の示していた「父親の家庭関与」，「家庭内の緩衝機能」「子どもとの関わり」の因子は見出されず，これらの因子に寄与していた項目はそれぞれ別の因子におさまった。

　今回，酒井の提示した因子構造と異なる結果となったのにはいくつかの要因が考えられる。1つは，独自に作成した項目を追加した影響である。7項目追加し，分析の中で削除したものもあるが最終的に4項目残っており，その影響があると考えられる。もう1つは，今回の調査対象者が大学生だったことである。酒井の研究では中学生の子どもを持つ父親が調査対象者とされていたため，この違いが影響した可能性がある。

　酒井の研究における「父親の家庭関与」「子どもとの関わり」というのは，父親が直接具体的な行動を通して，子どもにどの程度関わっているかを尋ねる因子であるが，大学生から見た父親役割においては，直接的な関わりよりは，むしろ「情緒的な関わり」「リーダーシップ」といった，家族の中での雰囲気作り，日頃の態度・発言を通して醸し出されてくるような，間接的な関わりが抽出されたのではないかと考えられる。また，父親の「母親との関わり」というような子どもとは直接関係のないような因子が抽出されており，子ども，特に大学生ぐらいの青年期の子どもにとっては，父親が母親とどのように関わっているかが，重要な役割，機能として認識されていることが示された。つまり青年期の子どもは，母親と父親の関係性を通して，父親を見ていることが示唆される。また，今回抽出されなかった「家庭内の緩衝機能」は父親のさりげな

49

い気配りによって，家庭の雰囲気を明るく落ち着いたものにする役割であり，酒井の研究では，父親自身の認識としては，この役割を重視している傾向があったとされている。また，さまざまな研究で家庭の雰囲気が子どもに与える影響が指摘されており，父親の緩衝機能は重要な役割であると言える。しかし，今回因子として抽出されなかったのは，緩衝機能としての父親の行動が，子どもに認識されにくいためではないだろうか。緩衝機能はリーダーシップなどの役割と比べて，さりげない行動であるため，役割として捉えられにくいのかもしれない。また，先に述べた，「母親との関わり」ということが，最終的には，「家庭内の緩衝機能」として働いていく可能性がある。信田（2016）も「父親が入ることで，母親と娘のあいだの緩衝地帯の役割となる」可能性について指摘している。父親の役割を考える際には，この緩衝機能をどのような項目で捉えるかの検討が，今後必要になると考えられる。

　次に，それぞれの尺度得点の平均値を男女別に見たところ，父親役割の3つの下位因子と母子密着，心理的自立の社会的視野について有意な差がみとめられた。つまり，男性よりも女性の方が父親の役割を高く評価していたのである。また，母子密着についても女性の方の得点が高く，母子のつながりは男性よりも女性の方が強いことが示された。

　親に関する感情の変化を調べた倉光（1987）の調査で，女性も男性も思春期ごろには親へのマイナスの感情が増加し，女性は年齢を重ねるにつれて回復するが，男性はあまり回復しないということが示されている。本研究で，父親の役割を女性の方が高く評価していたことや，母親との密着が強かったことは，倉光の調査結果に現れているように，男女で親への感情の変化のプロセスが異なることが影響していると考えられる。つまり，男性も女性も思春期においては，第二反抗期に示されるような親へのマイナスの感情が高まるが，男性はその後も親への感情はそれほど変わらずネガティブなままであるが，女性はそれが回復しポジティブな感情も高まり，青年期以降に親との関係が近づくと考えられる。

　心理的自立尺度に関しては，ほとんど性差はみられなかったが，「社会的視野」の因子においてのみ，女性よりも男性の方の得点が高かった。高坂・戸田（2007）の先行研究でも，心理的自立尺度全体では性差は見られなかったが，

「社会的視野」因子に関しては，男性の方が高い傾向にあった。このことについて，高坂・戸田は，男性と女性では社会適応上望ましい自立のあり方が異なっており，それが現れているのではないかと指摘している。つまり，男性の方が社会に出て仕事をしていくという意識が強く，本研究の結果も，これを反映したものだと考えられる。

2）父親役割の母子密着・心理的自立への影響

父親役割の母子密着への影響をみるために重回帰分析を行った結果，「母親との関わり」因子からのみ正の影響がみられた。これは，父親が母親と親密に関わっているほど，母子が密着しているということを示しており，仮説1の"父親役割の下位尺度の中で，「母親との関わり」が母子密着に負の影響を与える"とは反対の結果であった。父親が母親とよく関わることで，母子の分離が促進されると考えていたが，今回の結果からはむしろ逆の結果であった。

父親と母親の関わりが多い，両親の仲がいいほど，母子が密着するという結果は，どのように理解したらいいのだろうか。父親と母親の関わりが多いことは，母親自身にとっても嬉しいことであり，精神的にも安定していると考えられる。また，子どもにとっても父親が母親と関わり，仲よくしていることは，家庭としては落ち着いた雰囲気であり，安心感を得ることができる。そのような母親，子ども共に安定した，安心できる家族環境において，母子の良好な関係が形成されていくと考えられる。そして，ここで取り上げている母子密着というものが，子どもにとってどのような影響があるのかを，さらに詳しく検討していく必要がある。つまり，これはネガティブなものとして密着して融合状態にあるのか，あるいはこの母子密着が多くの母娘間に見られるある程度一般的な傾向であるのか，また心理的な成長において，むしろプラスの影響がある可能性についても検討してみる必要がある。そう考えると，今回取り上げた母子密着尺度は，"私は，母に学校であったことや，仲間のことをよく話す"，など母親とコミュニケーションをとり，また"私の元気がなさそうであったら，私の母は私を励ましてくれる"，など母と子の心理的なつながりを表す項目が多く，密着というほどの距離の近さではなく，むしろサポーティブなほどよい

親密な距離であったと考えられる。

　次に，父親役割の母子密着・心理的自立への影響をみるために重回帰分析を行ったところ，男女で異なる結果が得られた。

　まず，男性は父親役割，母子密着から心理的自立への影響を示すモデルの説明率が低く，家族との関係が子どもの心理的自立にほとんど影響を及ぼしていなかった。男性の場合は，家族以外の要因が影響していると考えられる。モデル自体は有意ではなかったが，今回扱った変数の中で，父親のリーダーシップはやや影響しているととれる数値が示された。男性の心理的自立を考える際には，やはり社会とのつながりや，就職というものが大きく関係しており，社会人として組織の中で生活するには，集団生活の中でどのような役割を果たし，リーダーシップを発揮するかは，重要であり，そのような父親の側面は，男性の自立において，何らかの影響を与えていると考えられる。しかし，全体的に見ると，男性の心理的自立への母子密着や父親役割の影響は非常に小さく，影響は少ない。これは，母娘関係において，母親の存在が大きく，女性にとっては，その後の適応や結婚してから先の生活にまで，さまざまな影響を及ぼしていくという臨床実践や新聞への投稿者の声に示される実感とは対照的である。つまり，男性にとっての母息子関係は，心理的自立に関してそれほど大きな影響力を持っておらず，母娘関係とは異なった側面を持っていると考えられる。

　女性の重回帰分析の結果では，母親との精神的な密着が有意に影響を示しており，父親役割の下位因子はわずかな影響が有意傾向で示された。この結果は，女性は母親と精神的に密着しているほど心理的に自立しているということを示している。この結果は，先ほどの，父親の役割として，母親との関わりが良好であるほど，母子密着が強くなるという結果と重ねて考えると，両親の仲がよく，父親が母親に関わり，家庭内が落ち着いた雰囲気であるほど，母子の密着は強くなり，それはとくに精神的な密着を強め，その結果女性の心理的な自立を高めることにつながるということである。このあたりの母子密着と，女性の心理的自立の関係は，かなり複雑であり，仮説にあるような，密着することにより子どもの自立が阻まれ，社会に適応していくのが難しくなるといった，直線的な理解ではない，もっと別の要素が働いていると考えられる。もっともこのような結果となった一つの要因としては，母子密着尺度が，母娘関係のもつ

れ，混乱といった不適切な密着をきちんと測ることができていなかった可能性がある。大東（2010）の研究などで，母子密着には健康的で，適切なものもあれば，病的で不適切なものもあることが示されており，今回の調査で用いた母子密着尺度が，健康的な母子密着つまりほどよい親密性を示すものとなっていたために，心理的自立に正の影響を与えるという結果になったのかもしれない。

3）母子密着の捉え方

　今回の調査では，仮説を立証することができなかった。その要因として大きく考えられるのは，母子密着の捉え方が不十分だったことである。健康的で親密な密着と，不健康で子どもの主体性が脅かされるような密着の二つの面があることを考慮した尺度を用いる必要があった。また，母親との関係がどのようなものかを単に尋ねるだけでなく，回答者がその関係をどう感じているのか，つまりどのように内省しているかを考慮する必要もあった。母娘関係は，表面的な母親との関係が安定しているかというだけでなく，その関係性により，娘自身が支えられ，安心感を得るとともに，他方で窮屈であり，束縛されるような雰囲気や侵入されるような脅威を感じている，といったアンビバレントな心の状況を把握する必要があったと考えられる。

　本調査では，質問紙による母子密着，心理的自立等について検討してきたが，この尺度自体によって，そのあたりの微妙な心理状態を捉えることができたかは，やや疑問の残るところである。やはり子どもの心理的自立や母娘関係，父娘関係の深いところまでを把握しようとすると，臨床事例やインタビュー等による質的な研究が求められるところである。

4　母娘関係における父親の機能

1）母子密着への父親の間接的影響

本研究では，父親役割が母子密着を介して，子どもの心理的自立に与える影響を調べたが，これらの影響関係は，今回は明確に示されず，仮説は立証されなかった。とくに男性については心理的自立に対して，父親役割の影響も，母子密着の影響もほとんどみられなかった。しかし，女性については，父親役割の影響はほとんどみられなかったが，母子密着の影響はある程度みられた。さらに，父親役割から母子密着への影響も部分的に示された。このことから，女性においては，父親役割が母子密着を介して間接的な影響を与えている可能性が示唆された。つまり，父親の母親との関わり，夫婦の良好な関係が，子どもの母子密着を促進するところがあるが，それはまた子どもの心理的自立をも促進する側面も持っているということである。この父親の関わりが，夫婦関係を介して子どもの自立や適応にどのような影響を及ぼしているのかは，直接的な影響ではなく，間接的な，夫婦関係を媒介とした複雑な要素が絡み合った中で，機能していると考えられる。

森永・作間（2000）の研究でも，母親が娘と密着するほど，父親を「尊敬する父」「会話する父」として捉えており，必ずしも父親が家族内で孤立し，母娘に関わることがないから，母娘密着が促進されるということではないようである。さらに，母親も娘と密着するほど，父親（夫）との仲がよく，定年後も夫と暮らそうと考えており，夫が育児や子どもに関わってきた，と感じているようである。このように，母娘関係を考えていく上で，父親（夫）の役割や機能には，表面的な「強力に結びついた母娘」対「孤立した，関わろうとしない父親」という単純な構図だけでは見えてこない"何か"があると考えられる。

2）父親役割の質的側面

秋光・村松（2011）は，父親の関わりが児童期の子どもの社会性の発達にど

のような影響を及ぼしているかを検討し，「母親は子どもの生活の中心である
学校の人間関係に心配りをしており，父親は将来の子ども達が出て行く社会の
厳しさを念頭に置いた人間関係の築き方を教えようとしている」ということ
が，ほぼ共通した認識として抽出されるとし，さらに父親の役割として，「父
親の存在感を示すだけでなく，母親とのバランスが必要」であると指摘してい
る。たとえば，母親が主な子どもの相談相手であるが，母親が聞けなかった周
辺の状況などを，父親が別の機会に聞いたりしている，ということであり，父
親は日常生活の中では，子どもと関わる時間は少ないが，母親を補う存在であ
る。つまり，母親は，父親に「社会との接点になる」「いるだけで安心」「最後
に叱る役目」といった関わりを期待しており，父親もそれに沿った関わりを心
がけているようであった。

　さらに，秋光・村松（2011）は，このような父親の関わりと母親の養育態
度が，子どもの社会性にどのような影響を及ぼしているかを，調査研究によ
り，明らかにしている。その中で，興味深いのは，父親の関わりを，世話・し
つけ・共行動（一緒に何かをする）といった量的な関わりと，積極的なコミュ
ニケーション・自立への支援・愛情表現といった質的な関わりに分けているこ
とである。つまり，これまでの父親の関わり，特に子育てへの支援においては，
主に父親がどれだけ時間をかけて，子どもと関わってきたかという量的な関わ
りが，注目されてきたところがある。秋光・村松の研究においても，量的な関
与として，父親自身が子どもとよく関わっていると考えているほど，母親の養
育態度は肯定的なものとなり，母親の安定という点では，重要な意味を持つと
考えられる。しかし，子どもの社会性の形成に直接影響を及ぼしているのは，
「母親の肯定的な養育態度」と，「父親関与に対する子どもの認知」であった。
もちろん子どもの父親関与の認知には，父親自身の関わり（量的・質的）認知
も影響を及ぼしていたが，子どもの社会性には，直接的には影響していないの
である。つまり，子どもの友人関係といった社会性に関して，父親の世話・し
つけといった量的な関わりとともに，それとは直接関係のないような父親の質
的な関わりである「積極的なコミュニケーション」や「自立への支援」，「愛情
表現」といった関与が，子どもの父親認知を媒介して，影響を及ぼしていると
いうことであり，母親とは異なる，父親独自の質的関与の必要性，影響が示唆

されるものである。

　また，母親は，父親に対し「父親ならではの存在感や役割」としての質的な関与を期待している一方で，母親自身は父親の量的な関与（世話・しつけ・共行動）によって助けられており，母親の肯定的な養育態度につながっているのである。

　このように，父親の関わりは，必ずしもどれだけ時間をかけて，機会を増やして関わってきたかという量的なものだけではなく，大事なところでの子どもとのコミュニケーションや自立への支援，また日ごろの関わりにより，子どもが父親に愛してもらっていると認知していることが重要であり，それが子どもの自立につながっているようである。

　中丸・篠原・坂本・末島・上杉（2010）は，娘の自己受容の源泉としての父親という視点で，父娘関係の研究を行っている。まず，これまでの概観の中で，娘の自己受容，自尊心の形成に父親が時には母親以上に影響を及ぼすことを示している。このことに関して，中丸らは，娘は父親との情緒的肯定的関わりから，母親からのものとは質的に異なる“何ものか”を受け取り，それを内在化して成人後も，“内なる父親”との対話を続けているのではないか，と考察している。ここでも，父親の役割は，母親とは異なるものとして，提示されている。さらにインタビューにより，その内なる父親に関して，娘は，小さい頃の父親との身体を使った遊びを通して，母親とは異なる非日常的な思い出を形成している，と指摘する。また，その思い出は，非日常的であるがゆえに，それほど強烈なものではなく，「今にして思えばわかる」程度の薄く，透明な感覚であるということである。また，娘に「このままでいいのだという感覚」を呼び覚まし，「ここぞという critical な時に立ち現われ」て，娘に「安心感を与える」セーフティネットとしての父親などを父親の【養育性】として抽出している。さらに，社会とつながっている父親の存在を強く感じ，父親の一言は重く，その決断には反論不可能であり，規範や権威を娘に示す父親の【社会性】，そして最後に異なる性としての【異性性】を取り上げている。

　娘の自己受容に対し，父親からの影響が母親以上に大きく関係しているのは，この３つの中でも特に，母親には少ないと考えられる，社会人としての社会の厳しさや現実を指し示していく【社会性】と，母娘とは絶対的に異なる，男性

としての存在という【異性性】であると中丸らは結論付けている。

　この娘の自己受容という視点は，母娘関係における距離の取り方や，錯綜した関係の解消とは直接つながらないが，娘が母親との関係において，傷つき苦悩している状況とは，少なからず関係していると考えられる。つまり，母娘という密着した関係において，父親の存在は，「社会性」として抽出された，家庭の中に社会のルールを持ち込み，社会への道案内をしてくれる可能性を持った人である。また，母娘関係における同性性は，これまで見てきたように，自分と同じ身体，感覚を持ち，共通したところがあるということで一体化しやすい側面があるが，父娘関係は，異性ということで，絶対的な差異が存在している。このような父親の持つ社会性や異性性という側面が，母娘関係という，外からの介入を一切受け付けようとしない閉ざされた空間に，何らかの隙間や外からの風を送り込む可能性がある。さらに，筆者の考えでは，父親の【養育性】ということも，母娘関係に変容をもたらす上では，重要な視点であると思われる。中丸らの研究で抽出された父親の【養育性】は，現在の自分を形成してきたのは，まぎれもなく父親の影響もあり，それは母親の関わりの時間に比べればはるかに少なく，「時々生じる大切にされている感覚」や「それとなしの配慮」と言われるようなまさに空気的な存在である。しかし，このような父親との体験で受け取ってきたものは多く，母親との関係においてはなかなか分かり合えず，また自分の思いを受け止めてもらえないというつらい状況においてこそ，父親との関係で培ってきた「信頼されている確信」や「ここぞという時の父親の存在」が大きな意味を持ってくるのである。つまり，娘が危機に直面したとき，自分の存在が見えなくなり，生きることさえつらくなるような状況に追い込まれた時でも，この父親からの，わずかではあるが，確かに承認されているという感触は，大きなセーフティネットとなり，母娘関係における苛立ちや嫌悪感さらに自己否定を和らげてくれる，重要な意義を持ってくるのである。

　一方春日（2000）は，これまでの父娘関係を概観する中で，父親と娘という独特の関係性について，「内的な対話」という側面から検討している。

　春日は，娘の父親との関係について，小川（1985）の「心の中で常に父親を意識し，父親との内的対話を繰り返すことで，父親という人が自分に何を期待

しているかを敏感に察知しようとして女性独特の感受性を発達させる」という指摘を受け，「父親は娘の目を外界へ開かせる重要な役割を持つ」と述べている。娘にとって，父親は母親とは少し異なる存在として心の中で常に意識される存在であり，娘にはその父親が自分に何を期待しているかを，敏感に察知する感受性があり，それに応えようと，内的な対話を繰り返しているということである。

　母親との関係はわりと理解しやすいし，娘自身も語ることが多いが，他方で，娘は父親の期待に応え内的な対話を続けながら，常に父親を意識してきているということは，周りからそして娘本人にもなかなか見えにくいところである。春日（2000）は，自我同一性やセルフ・エスティームとの関連から，「女子・女性にとって父親から愛されているという確信は，その存在を支えるものとして重要な役割を果たしている」と述べ，さらに女子大生の調査から「この時期の自立は心理的には親（父親）とのつながりを持ちながらの自立であり，その心理的なつながりが娘の自己受容に重要な役割を果たす」（春日，2003）と述べている。

　父親の機能・役割については，その先駆的な研究者である深谷・森川（1990）の研究において，父親の持つ機能として以前は第一位に「リーダー性」が挙げられていたが，現代の父親の機能として第一位に挙げられるのは「母親的あたたかさ」であることを指摘している。これは，かつての日本の家族において父親の機能としてあった，一家の大黒柱としてのリーダー性や権威といったイメージは薄れてきていることの現れである。そして，父親のやさしさが当たり前である現在の日本の父娘関係の中で，娘の口から父親に対する「厳しさ」や「怖さ」が出てくる場合，西洋的な父性，父親自身の精神的な「厳しさ」とは分けて考えるべきであろう，と述べている。つまり，現在の父娘関係において，父親の厳しさや怖さが語られる場合は，それが社会につながる，あるいは切断する機能としての父性的な意味合いではなく，単に娘のことを理解していない，一方的な，ネガティブな意味での厳しさ，怖さとして表現されているのである。このように，家族関係における父親の機能というものは，時代と共に変化してきていると考えられるが，そもそも日本の父親に，「切断する機能」そのものが備わっていたのかさえ，疑問が持たれるところである。

つまり，日本の父親は，欧米で言われてきたような，母子関係に割って入り，その関係を切断し，自立へと向かわせるという機能そのものを持っていなかったのではないかということも考えられる。

3）母親の目を通した父親の姿

このように，春日（2000）は多くのこれまでの父娘関係の諸相を見る中で，猪野・堀江（1994）の「父親とは男子には直接影響与える人であり，女子には間接的に影響与える人である」という指摘を取り上げている。この間接的というのは，これまでの研究でも見てきたが，娘は父親からの直接的な影響をあまり受けていないのである。父親の存在は，あくまでも母親との関係，あるいは夫婦関係を媒介として，娘に伝えられることが多いようである。そして，春日は「娘から見た父親の魅力度は，母親から見た夫の魅力度と関係があること」を示し，さらに「娘は母親の眼を通して，父親を見ているといえるかもしれない」と述べている。したがって，父親と娘の関係を理解するには，母親の存在は避けて通れないところがあり，まさに母娘関係を通して，父親の存在感，機能というものが，見えてくるのかもしれないのである。つまり，娘にとって，父親の姿というのは，物理的に接する時間も短く，会話も多くないので，その姿というのは，捉えにくいところがあり，不明確なのではないかと思われる。

したがって，娘にとっては，父親の姿は母親との会話や母親の目を通したもので，そこから父親の存在を理解し，感じ取っていると考えられる。そうなると，夫婦関係が良好であると，母親のやさしいまなざしの中で父親が語られるので父親の姿も接しやすく，親近感が持てるものになるが，夫婦関係にすれ違いがあり，冷えていたり不信感があると，当然母親の目を通した父親の姿は，ネガティブなものとなり，それがそのまま娘の父親像，父親の姿に繋がっていくのである。しかし，娘が少し成長してくると，夫婦関係（両親の関係性）そのものも理解するようになり，不信感や苛立ちを持ったまなざしで父親のことを語る母親の姿そのものも理解し，夫婦関係が険悪である母親の目を通して語られる父親の姿だ，として理解していくのではと考えられる。

第**3**章

母親に取り込まれる娘

1　Aさんの愛着関係

　この章では，母親との愛着関係において，深刻な傷つきを体験し，満たされない中で過ごしてきた中年女性との面接を通して，愛着の世代間伝達がどのように生じるのかを検討し，さらにその愛着障害の視点から，母娘関係はどのように捉えられるかを見ていきたい。

　Aさんは，精神的に不安定であった母親を持つ中年女性である。面接では幼少期の虐待とも思われる環境の中で生きてきたAさん自身がいかに傷つき，愛着の障害を受けてきたかが語られていく。また，そのAさん自身の傷つき，愛着の障害が，現在の夫や子どもとの関係にどのような影響を及ぼしているかを見ていくことができる。さらに，Aさんが母親との関係において得ることのできなかった愛着関係を，夫との関係やセラピスト（以下Th）との関係においても得ようという思いが語られる。面接では満たされなかったAさんの母親との関係を巡るさびしさや切なさ，怒りが語られるが，満たされなかった母親との関係を再び得ることは難しいことが，面接過程を通して示されていく。

　なお，以下に示す事例は，筆者がこれまでに経験したいくつかの事例を練り

合わせ，再構成して作り直した架空の事例である。

2　Aさんの家族構成と主訴

　Aさんは，結婚し家庭があり，子どもも育ててきた中年の女性である。夫と，子ども3人（長女，長男，次男）の5人家族であり，子どもはそれぞれ高校生，中学生，小学生であった。

　AさんはX年Y月にそれまで頑張ってきた会社から突然契約を打ち切られることを告げられ，その後情緒的に不安定になり，入院となる。病棟でも衝動的になることがあり，またそれを抑えようとした看護師に対して暴言，暴力をふるったりした。家族との関係や小さい頃からの成育歴（特に母親との関係）に課題があるのではということで，心理面接が開始される。

3　Aさんとの面接経過

　1年半ほどの期間で行われた面接の経過をその流れに沿って，4期に分けて報告する。なお，「…」内はAさんの発言，『…』内はその他の人の発言，〈…〉はThの発言を示す。

1）第1期（#1～#15）：幼少期の体験と怒り

　面接初期には，突然会社から自分が解雇になった時の怒りが語られる。また，「自分には虚言癖があり，みんなの気を引きたいところがある」と言った後に，「小さい頃から，母親からの虐待があり，さらにその時助けてくれなかった父親への不満がある」と語り始める。

　そして，高校生の頃，Aさんは「誰かに注目してほしくて，クラブの部長に立候補したが，先生は，自分ではなく別のそれほど頭もよいわけではなく，リーダーシップもない，普通の人を選んだ。それがすごくショックで，突然泣き

出して，混乱した。泣いて混乱した後は，先生に家に連れて帰られた。高校1年の頃，勉強を頑張ろうと夜中まで，勉強をしていた。しかし，勉強をしている横で，母がわめいたり，訳のわからない話を毎晩聞かされたりしていた。父に，母親を病院に連れて行くように頼んだが，父は全くその話に耳を貸そうとせずに，ただ『我慢しろ』と言うだけであった」と言う。

　結局，Ａさんがぼろぼろになり，精神的に不安定になり，高2の秋にＡさん自身が精神科のクリニックを受診し，心因反応と言われるまで，「父親は母がおかしいということを認めようとしなかった」と語る。Ａさんのクリニック受診の時，父親は，『Ａさんが不登校になったので連れてきた』と病院で嘘の説明をし，母親との関係は一切話さなかった。その後，Ａさんは自暴自棄になり，非行を繰り返していたが，それでも勉強は頑張っていた。クラブ活動もレギュラーとして，大きな大会に行くぐらいの成績を残していた。

　「高校を卒業し，大学で4年間家を離れようと遠くの大学に行ったが，あまりいいことはなかった。人肌がさびしく，何人かの男性と付き合い関係を持ったが，いずれも長くは続かなかった。今も一人になるのが怖くて，家で一人で過ごせないので，入院した」と語る。

　Ａさんにとって，一人になる，一人で家で過ごすというのは，「相当の恐怖であり，パニックになり，家族をはじめ，周りの人たちを巻き込んで，混乱に陥っていく」ということであった。また，「自分の性格は厄介で，何か嘘を言って，注目をひきたがるところがある。みんなに注目されたいという願望がかなり強いが，そのことは，恥ずかしくて子どもや夫に言っていない」と語る。「嘘をつく自分はいやだが，瞬間的に出てしまう」ということであったので，Th より〈その後には後悔をすることはないのですか？〉と尋ねると，「若干後悔するところもあるが，でも注目されてうれしい方が強いので，それほど気にならない」と語る。

　「昨年の1月に父親が病気で亡くなり，兄も病気をして，今は母と兄が，二人で田舎暮らしをしている。前は，実家に父がいて，たまに帰っていたが，今はあまり帰らない。父は母親代わりみたいなところがあった。高校の頃は恨んだりもしたが，家族の中では父が唯一話せる存在であった。高校で，クラブの部長になれなくて，泣き出してからは，その後一切自分のことは話さなくなっ

第3章　母親に取り込まれる娘

た。自分の価値観（普通の子が部長になるなんてありえない）が全然違っていたとわかって，不良になってやろう，何やってもいいんだと思って，問題行動を繰り返したが，それでも勉強だけはやっていた。いやらしい自分だと思っていた。大学では，"リストカットをやっている"と嘘をついて，それで周りの関心を集めていた」。Aさんは，「人とうまくしゃべれない」と訴え，涙ぐみながら話すが，それでも治りたいという意志は強く，「嘘をついてきたことを話したのは，今回が初めてである」と語るので，〈それはずっと誰にも言えなかったのですね〉と返す。

　「会社の契約が，突然打ち切りになった件がすごいショックで，その後上司が謝りに来たが，心の傷はいえない。それまでにも業績はあげていたが，突然継続はしないと言われて，そのことがどうしても納得いかず，ずっと引きずっている」。Aさんは，「もともとは，物事を丸く収めて，周りの人が喜ぶのが好きであった。本当はきついところもあるが，それは多分隠している」ということであった。「その辺りは，自分でもよくわからない」と語るので，〈人を喜ばせ，丸く収めるということと，きついところがあるということの両方あるのではないですかね，今はそのバランスが崩れているのでは〉と伝える。

　現在の様子については，「夫との関係がうまくいっていない。夫は，暴言・暴力があり，Aさんを叩くことはないが，その代わり子どもたちを叩いたり，階段から突き落としたりして，これまではひどかった」。今は，Aさんが入院し，「夫が家事等一切やってくれているが，イライラすると子どもに当たるところがある。先日も，長女に対し，洗濯物を片付けてないと夫が怒り出し，洗濯物を子どもに投げつけ，長女はずっと泣いていたらしい」。

　その一方で，Aさんは「夫を頼りにしており，本当は甘えてかまってほしいところがあった。先日も，夫に"抱っこして抱きしめてほしい"と頼んだが，夫は，『もうしんどい』と，不機嫌になってしまった。夫にもう少しやさしい言葉をかけてほしいと願っているが，それは叶わないこと」であると思っているようであった。夫からは，「精神的援助を求めても『無理』と，言われた」。それで，Aさんは，「夫には頼れないと思い，今は子どもに頼んで，不安な時は，近くに居てもらっている。自分から周りの人が離れるとブラックホールに吸い込まれて，どこかに行ってしまうような気がする」と「一人になると絶望

63

的な不安を感じる」ことを語る。特に「朝が難しく，午前8時頃になり，子ど
もたちが皆学校に出ていくのが恐怖である」と語る。「皆が出かけるので，ま
たおいていかれるという思いがあり，皆から見放されるようで，小さい子が一
人取り残されるような感じで，怖くて怖くて耐えられない」と，面接でも泣き
ながら訴える。

　そしてある夜，Ａさんは，「"もう離婚したい"と夫に伝えると，夫は子ども
3人を夜中にたたき起し，『離婚したらどっちに付くか』を一人ずつ子どもに
問いただしていった。子どもたちは寝ぼけながら，突然そのような話を聞かさ
れ，泣きながら『わからない，わからない』と応えていた。夫はそういうとこ
ろがあり，こうと決めたら絶対に譲らないところがあり，周りが何を言っても
入らない。夫は，ご飯，おかずを作るのが，自分のやさしさだと思っているよ
うである。確かに毎日，家族全員分の食事を作ってくれてはいるが，その反動
で，イライラが溜まり，子どもたちにあたっている」。

　Ａさん自身も，「以前は，相当無理をしていた」ということで，「人前に立っ
て，しゃべるのは好きだったが，それは何か立場がないとできなかった。本
当は自信がなかったが，そうやって目立たないと自分を保てないところがあり，
自分を見てほしかった，やさしくしてほしかった」と当時の心境を語る。「夫
が子どもを殴っているのをみると，昔の自分を見ているようである。自分も子
どもが小さい頃は叩いていた。早く病気から治りたい」と語る。さらに自分の
性格について，「きついところがあり，イライラを家族に向けることが多いが，
外では隠している。思い通りにいかせたいという意識が強く，そういう母親
（Ａさん）の子どもはかわいそうだなと思うが，自分ではどうしようもない」
と語る。

　このように不安定であるＡさんは，病棟でも問題行動が多く，周りに少しい
やみを言われると，疎外感と怒りを感じ，夜中に病棟の椅子を全部倒して回り，
コップを割ったり，物にあたったりした。「これまで，自分を押し殺してきた
ので，今はそれが全開状態」であり「自分の中にいっぱい衝動があり，鏡も割
りたい」と語る。

　「先日，母親がお見舞いにきた。母親はとにかくきつい人で，それは今も変
わらない。昔から，母は敵だと思っていた。小さい頃，家庭科の授業で，"一

第3章　母親に取り込まれる娘

家団らん"というのがあるのを学んで，普通の家はそうなのかと初めてわかっ
たが，うちの家には，団らんはなく，悪いことしか起こらなかった。中学一年
の時，家庭訪問で先生が家に来た時に，母は『私は子どもが嫌いです』とはっ
きりと言っていた。母は，家の外と内では，全く性格が違っており，玄関のド
アを閉めると，表情が一変する。母は大学を出ており，プライドが高く，父は
それほど学歴もなく，母の言いなりであった」。

　小学低学年の頃のエピソードとして，「家族で電車に乗っていて，母がジュ
ースをこぼしてしまったが，母はすぐに立って，『私じゃないです，この子
（A）です』と周りの人に言っていた。母はAさんだけにきつくあたり，兄に
はやさしく，私をはけ口にしていた。そのせいか，自分は人とうまくしゃべれ
ない，笑い方もわからない」と語る。「母が許せない」と語るので，Thとし
ては，〈それはもっともであり，苦しい状況をよく一人で乗り越えて，ここま
で来られたのでは〉と伝える。

　「生まれてから母が敵だった。母は，自分が一番大事であり，周りの人には
冷たい。よく叩かれたし，タバコも押し当てられた。虚言癖は，最近はほとん
どなくなり，嘘はつかなくなったが，これまでは誰かにいつも注目されていた
いという思いが強かった。自傷は，その痛みで心の苦しみがなくなるので続け
ていた」と語る。

2）第2期（#16〜#30）：取り残される恐怖と甘え

　その後，Aさんは，病院を退院し，外来での面接を続けることになる。落ち
込みが激しく，ぬいぐるみを抱いて面接室にやってくる。

　そして，「自分自身もやさしい人に抱っこしてほしい」と訴える。ただ，「そ
れが叶えられないと，子どもに当たってしまい，暴力をふるってしまう。夜中
に薬を飲んだ後，朦朧とした状態で家を抜け出して，自転車であてもなく走り
続けた」。長女はAさんが出ていかないようにリビングに居て，見張っていた
が，途中で寝てしまっていた。「近くに交番があり，そこに入り話を聞いても
らった。交番から夫に連絡が入り，真夜中に夫が迎えに来た。夫はそれでも文
句も言わずに，迎えに来てくれて相当わかろうとしてくれていた」。Aさんは，

「それはわかるが，夜一人になると，さみしくて，誰かにわかってほしい，構ってほしいと思って，皆が寝てしまうと外に出て誰かと話したくなる」ということであった。

　Thは，子どもへの暴力については〈やめるように〉伝え，〈ただその誰かに居てほしい，わかってほしいという思いは，Aさんにとって正当なものであり，理解できる〉ことを伝えていく。Aさんは，「周りのサポートは，頭ではわかっているが，一人になると耐えられなくなり，さらに"カチン"とくるようなことを言われると，歯止めがきかなくなる」ということであった。「最近は，夫にも寝る時，手を握ってもらうが，そこで一言やさしい言葉があるといいが，それがないので，また不満に思い，さびしくなり夜中抜け出して，真夜中に迎えに来てもらうということもあった」。

　さらに，母親について，「絶対的な権力者で，その母親に認めてもらうために，自分は一生懸命勉強もしてきたし，話も付き合って聞いてきた。そして昔暴力を受けたことを，母親に"小さい頃よく叩かれていた"と話したが，母は『忘れた』と一言で終わってしまった」。Aさんには，信じられない発言であり，さらに怒りは高まっていく。しかし，その怒りは母親に直接向けられることはない。そして「今は，夫には，救いの手を差し伸べてもらえないと悟ったので，子ども３人に頼ろうと思っている」と語る。

　その一方で，Aさんは，「今のままではだめだ」と思っており，「普通の感覚を持った人になりたい」と語り，自分でも何とか今の状況から抜け出したいという思いは持っており，「できるだけ一人で耐えようとするが，どうしてもできない」と訴える。「学生時代，都会での一人暮らしの４年間は，悲惨でぐちゃぐちゃであった。ファザコンなのかもしれないが，誰かと身体を寄せ合っておかないと，不安になった。お父さんと一緒にいたいような，やさしい男性に抱っこしてほしかった」と当時を振り返り，その時の体験を言葉にする。

　ある面接の回で，歌詞を書いた紙を持ってくる。「その歌詞がすごく好きで，母のやさしさに関する内容で紙に書き起こして読みながら聴いている」と話す。Aさんにとっては，求めてもなかなか感じ取ることのできなかった体験であったと思われる。「家では，少しずつ夕食を作っている。夫と家族５人でやっていこうと決めた。夫も確実に変わってきた，大声を出すのもやめてくれと言う

第3章　母親に取り込まれる娘

と，やめるようになった」。そして，「私は満たされていない，甘えたい，いっぱい甘えたい」と訴えるので〈それは大切なこと，でも枠や限界というのがあるので，その中であれば〉と Th が返すと「それはわかっています」ときっぱりと答え，「頭ではわかっている」と語る。

「最近は，ここでも泣かなくなった」と語るので〈泣くのも大切なことだと思います，小さい頃泣いたりは？〉と尋ねると，「小さい頃は泣かなかった。祖母が亡くなった時，小学2年だったが，一人トイレで泣いていた」と泣くことすら自由にできず，一人でこっそりと泣いていたことが語られる。「兄は，『おばあちゃん死なないで』と泣いていたが，自分は何も言えなかった。そんな時どう言うのか，どう言っていいか全くわからず，ただ一人でこっそり泣いていた。今でもやはり一人になるのがすごく怖い」と語るので，〈そうですか〉と応えると，Aさんは確かめるように Th を見つめ「先生わかりますか，いやわかっていない」と不満そうに語り，「今でも家で，一人になるとわかった時点で，足が震えだすのです」とその時の恐怖を今まさに体験しているかのように語る。

その後，Aさんは「少しずつ落ち着き，夕食を作ったりしていたが，疲れると，どうしても子どもにあたってしまう。カチンとくるようなことを言われると，物を投げる。また，一人になるのがさびしくて，おいてけぼりにされそうで，どうしようもない恐怖がある」。会社で，急に契約を切られたことを思い出し，仕事での切り捨てられる感じが母親との体験と同じであると感じ，「私の母と同じだと思う」と語り，「また置き去りにされたと感じた」と会社での傷つきを母親との傷つきと重ねて語る。

「夜長女は，私が風呂から上がり髪を乾かすまで付き合ってくれて，12時ごろまでは，下にいてくれる。他の子は先に寝るが，あの子は責任をとって，残っていてくれるが，疲れて椅子で寝ていることもある。私がそうさせているのかもと感じ，申し訳なく思ったが，でも一人になるとだめなので，助かっている」。Aさんの発言に，Th は〈Aさんの中にもやさしさ，相手を思いやる心もあるのでは〉と感じ，それを伝えると，それは肯定しつつも「私も心の中にカミソリをいっぱい持っている。それを革ジャンで一生懸命隠している感じである」と語り，まだ自分でもどうしようもない怒り，攻撃性を秘めているよう

67

であり，またその内面の激しさ，怖さをほのめかすことで Th の反応を試して
いるようでもあった。帰り際，「また甘えてしまいましたね」と言って終わる。
Th はあまりの迫力に圧倒され，Ａさんの心の奥深くに眠る激しい衝動性に隠
された孤独なさびしさを感じ，たじろぐ。

　夫について，「夫はやさしいときもあるが，それに甘えてはダメだと思う。
気を付けて夫に合わせないといけない。夫は，子どもが小さい頃は，よく手を
あげていた」と語る。

　自分について，「私すごく猫を被っていると思います。本当はもっと衝動性
があると思います」と語り，自分の中でも，やさしさと攻撃性が拮抗し，どう
しようもない怒りが湧いてくることを認めていく。そして，それは，「本当は
やさしさがほしいが，家族の反応で，何かこちらが言って"ふん"という返事
をされると，それだけでキレてしまい，衝動的な怒りが湧いてくる。それでも
物を割らないように，投げないようにしている。ある時は幸せを感じたり，あ
る時はさびしさを感じ，机でボロボロ泣いたりして，感情の波が激しい」と語
る。

　その後，再び昔の母親との体験が語られる。「母にタバコをあてられ，それ
が怖くて怖くて，仕方なかった。また湯たんぽを入れてくれたが，直接あたり，
水ぶくれができたが，母に言っても何もしてくれなかった。高校の時，勉強し
ていると，母がやってきて，あり得ないような話を１時間ぐらいずっとしてく
る。はじめは聞いてやろうと思っていたが，だんだん苦しくなり，"もうやめ
て"と叫んだが，やめてくれなかった。それで自分の精神がまいってしまって，
病院に行った。今，長女が高２で，同じような状況にある」と語り，自分が受
けた体験と同じことを子どもにしていることは，わかっているようであった。

　そして，「昔母に対して思っていたことを，ずっと言えなかったが，最近思
い切って，高校の頃，夜中に部屋に来て訳のわからない話を聞かされたと母に
言ったが，『それは覚えていない』と言われた。言っても無駄だと思った」と
きちんと受け止めてもらえず，またわかってもらえなかったことで，Ａさんは
さらに傷ついたようであった。その当時は，「母は完全におかしな状態で，私
は話を一生懸命聞いたが，それは私が単にやさしすぎたのだと思う」と振り返
り語る。

第3章　母親に取り込まれる娘

「これまで自分の気持ちをずっと抑えてきたので，今出さないとダメになる」と思っていると語るので，〈どうしたら，よくなりそうですか〉と尋ねると，「幼児期の頃，やりたかったことをもう一度やらないとダメなのかと思う。私は勉強やクラブだけが自信があり，クラスのトップだったし，クラブも頑張ってきたが，クラブの部長選びで，どうしてこうなったか，私の道は何か間違っているなと思った。私は必死で頑張ってきたが，それだけが人生ではないとわかって，世界がひっくり返った」ということであった。

「そこから不良になり，授業を抜けて，成人用の映画を見に行ったり，遅れて学校に行ったり，途中で学校を抜け出したりしていた。今でも怒りでお皿を割ってしまうことがある。母が新聞を破って，投げていたのを覚えている。母から離れようと，他県の大学に行ったが，全然だめであった。結婚して20年，何かあると物にあたっていた。しまいには子どもにあたるようになった。私としては精一杯やってきた。それでも，すごくさびしくて，誰かに見ていてほしいと思って仮病を使ってしまう」。

そして，「最近電話で，母に"小さいころタバコを当てられた"と伝えると，『そんなことしてない』と言われ，"そんなことないことはない"と訴えたが，取り合ってくれなかった。小さい時タバコを当てられ，近所のおばちゃんの家に逃げていった。そこに母が迎えに来て，『もうしないから』と言って，家に帰るとさらに今までの倍された。母は子どもにあたる人であった。また小学生の頃生理の時に，母にきちんと対応してもらえなかった」というさびしさと恨みを語る。

「自分は，まともに育てられなかったので，まともな大人になれるとは思えない。中学では，普通に笑えなかった。母に怒られて，いつも泣いていた。学校では，よく一人で過ごし，黙っていた。勉強はしたら，母が認めてくれたので，『頑張った』と母に認めてもらいたくて，必死にその期待に応えてきた」ことが語られる。また悔しかったエピソードとして，「学校に持っていく可愛い花柄のエプロンを縫ってほしかったが，母はしてくれなかった」と，ぽつりと語る。それでも，「"こんな母でも，いたらいいのか"と思えるようになった」と少しずつ母親への認識も変わっていった。

さらに仕事についても，「ある意味私のすべてだったので，何か仕事のよう

なことができればと思っている。家では，突っ伏して，横になっている。ますます何もできない自分を追い詰め，また子どもたちに迷惑をかけているのも申し訳ないと罪悪感を感じつつ，でも動けない自分を情けなく思い，久しぶりに死にたいと思った。死んだら楽になれるのではと思った」と自己否定的になり，自分を追い詰めていく。

　このように少し状態がよくなったかなと思うとまた不安定になるという状況の中で，「週末，夫がすさまじく荒れて，息子が泣いていた。夫が家の手伝いをしなかった長男に，『お前はバカだ，とにかく母親の言うとおりにしておけばいいのだ』と怒っていたようで，息子は『オレもういやや』と泣いていた」。Ａさんもそれを見ていやになり，「家を出て，別で暮らそうか」と子どもと話した。「夫は，大変な努力をして，食事を作ってくれるが，それが愛情だと思いこんでいる」。「私への誠意がない」，「言葉がきつい」，「そのきつさが私にはつらい」と，夫とのすれ違い，わかり合えなさを繰り返し語る。「夫には，感謝の気持ちもあり，仕事はきちんとしてくれるのでありがたい。やさしい言葉もあるが，その言い方が少しきつい。夫に『わがままだ』と言われて，自分でもそうだと思うが，自分は，折れることができない，やさしい人間になれない，我を張り通す。今まで，さんざん痛い目をして生きてきたので，そんなに人にやさしくなどできない」と涙を浮かべて語る。

　そこで，Ｔhから夫の性格について，〈もともとそうなのか〉尋ねると，「夫の母親がものすごくきつい人で，怒るとガーッとくる人である」と夫のいまの性格は，もともとは夫の母親からきていることを感じているようであった。したがって，「夫としても怒らないようにしようと思っても，夫自身でもコントロールできずに，厳しくなり，いつも怒っているようであった。それで長男は父親と話す時は，いつも気をつけの姿勢で聞いている」ということであった。Ｔhも家族的にぎりぎりのところであり，Ａさんだけへの面接での支援に限界を感じ，〈夫婦面接の可能性もある〉ことを伝える。

3）第3期（#31〜#50）：パターンの内省

　この頃，Ａさんは社会復帰を目指し，就労支援の作業所に通うようになる。

第3章　母親に取り込まれる娘

その作業所でトラブルを起こし，それに対するスタッフの対応について，怒りをぶちまけ，さらに「Thからもそのスタッフに注意してほしい」と要求される。Thは〈その要求通りにはできない〉ことを伝え，〈別々の組織であり私はここでの関係を重視したい〉と応えるが，Aさんは「自分の身を守るためか」「自分が首になるのが怖いのか」とThの対応を非難し，悪態をついて，思い通りに動いてくれないThに怒りを向けてくる。Aさんはその後もトラブルになり，自分の意見が通らないので，苛立ち，ブレーキが利かなくなり，周りへの暴言を繰り返し，一人孤立し，無茶食いを繰り返していた。

　Aさんは，自分を変えたい，今の自分を何とかしたいという意識が高まってくるが，その一方で，自分の衝動的な爆発を抑えることができずに苦しんでいた。

　そのような状態の時，再び対人関係におけるトラブルがあり，声が出なくなったと筆談での面接になる。筆談でも，作業所における怒り・不満が収まらず，「皆の前で注意され，また無視され，どれほど傷つけられたか」を繰り返し訴える。それに対し，Thより〈あなたにとって，みんなの前で恥をかくというのは，前の会社での体験もあり，特別な意味があるのでは〉と介入し，Aさんの中で繰り返されているパターンを取り上げ，話題にしていく。次の面接では，自分の性格を「きついのだと思う，気が強いところがある」と振り返るので，Thより〈それをどう変えたいか〉を問うと「自分は甘えているだけだと思う。子どもに甘えている」と語る。

　夫との関係では，「夫がお寺の散策に連れて行ってくれたが，それだけでありやさしい言葉もなく冷たいと感じた」と不満を語るので，〈連れて行くことが愛情では，それ以上のやさしさを求めても難しいのでは〉とThより返すと，「求め過ぎない方がいいということですか」とやや不満そうに語る。しかし，次第に「自分が父親的なやさしい人を求めていた」ことや，「"どうしたんだ"と一言聞いてくれるだけで十分だった」と自分がそこで何を求めていたかを言葉にすることができるようになる。

　その後「夫に頼んで，桜を見に行った。一人で行くのはさびしくて，夫にお願いすると，連れて行ってくれた。きれいな桜で，二人でゆっくり歩いた」。適度な距離で，求め過ぎてはいけないとわかり，Aさんは「手をつないでほし

71

かったが，それは言わなかった。でも，帰ってから，もう我慢したくないという思いが強くなり，わがまま放題で，何に対する恨みなのかよくわからないが，自制がきかなくなった。そして，その夜は，夫は先に寝てしまい，私一人だけ起きていて，何かがしたくなり，夜中に起き出し，自転車に乗って出かけた。誰かに構ってほしくて，交番に寄ろうと思ったが，誰もいなくて，そのまま通り過ぎて，コンビニの端に座り，心配して近づいて来た人に"動悸とめまいがするので，救急車を呼んでください"とお願いし，すごくしんどそうなそぶりをした。病院に担ぎ込まれ，注射をした。ただ，そういう演技をする自分を変えたい」と語るので〈演技で何をしてほしいと思ったのですか？〉と尋ねると，「私がここにいることを知らせたい，もっと私を見てほしい，やさしくされたい，親切にされたい，愛情がほしい」とその時の思いを初めて口にする。「夜，夫が先に寝て，すごいショックで，さみしくなり，しばらくずっと考えていた，どうしたら自分が落ち着くかなと。そして，出ていった。迷惑をかけようと思ったのかもしれないし，仕返ししたかったのかもしれない」とその時の夫への怒りの基になっていたさびしさや恨みを少し言葉にする。

　このように，Ａさんのさまざまな行動で，夫はそれに振り回され，それでも何とかその思いに応えようと必死のようであった。しかし，そのようなぎりぎりの生活の中で，夫も耐えられなくなり，暴力がひどくなり，子どものおもちゃを叩き割るという事件が起きる。しかも，「夫は『やっていない，覚えていない』と言い張るので，本当か」とＡさんは疑い，夫への不信感がさらに募る。

　一方，母親との関係では，「先日，母が家に来たので，昔の母の発言について再度尋ねると『言ってませーん』とすごく馬鹿にされたような言い方をされた。その夜，ヒステリックになり，子どもにあたり，階段から本を投げつけた」。Ａさんの母親へのわかってほしい，助けてほしいという思いは強く，その思いで，昔それが満たされなかったことを思い切って母親に訴えたが，母親にそれを否定され，さらに傷ついていく。「夜中，母親に何回も電話をしていた。母とケンカすると抑えられなくなり，怒鳴られるとかーっとなって，復讐したくなる。悔しさがいっぱいあり，くすぶっている」と語る。

　母親に対しては，高校の頃，夜中にずっと話を聞かされそれにつき合ってきたのは，見放される恐怖があったからであったと言う。それに対し，父親への

第3章　母親に取り込まれる娘

親愛の思いは強く，昨年亡くなったが，父親に抱きしめてほしいという願望があることを言葉にしていく。このような母との愛着の不全と，その状況を変えようとしてくれない不満とともにどこか親近感を感じていた父親との関係がベースにあり，「学生時代，昼間は大学に行き，部活動も頑張っていたが，夜はさびしくなり，よく街を出歩いていた。人さみしくて，人恋しくて，誰かに抱っこしてもらいたいと思っていた。母はよく怒っていたので，私はお父さんっ子で，よく一緒に釣りに行ったりしていた。気は弱いが，普通の父親だった。お父さん的な人を求めていたのかもしれない。女の友だちは苦手で，今でもそうである」と自分の行動と親との関係を少し理解し始める。

　このような夫や母親との関係を繰り返し語る中で，Ａさんの中に，現実的な関係が少しずつ見えてくる。

　「今は頼れる人は，夫しかいない。でも頼り過ぎてはいけないということで，土日は一緒にいるがほとんどしゃべらない。今の願いは，"一人でいられるようになりたい"，また"気持ちが安定するようになりたい"」と語る。「常にさみしく，何かしてしまう時は，夫に不満を持つ時で，さびしくなるような言葉を言い返されて，何か問題を起こしたくなる」とこれまでの衝動的な行動のパターンを少し言葉にすることができるようになる。

　その後も，夫とのすれ違いや子どもとのトラブルで怒りが爆発することが続き，さびしくなると夜中に出ていき，警察に保護されるということがあった。ただ，それは「何かしないと収まらない」という感覚が自分でもわかっており，交番でも「さみしくて来た」と言葉で説明するようになり，そのためそれほど大事になることはなく，そこで数時間話して帰るということもできるようになる。結果として嘘をついて周りを振り回すことはなくなり，Ｔｈも嘘をつかずに，素直に伝えられたことは評価する。すると，初めて嘘をついたときのエピソードが語られる。「小さい頃，車とぶつかったと嘘の話をしたら，その話にみんなが乗ってくれた。みんなが心配してくれて，嘘とは思ったが，聞いてくれるのがうれしくて，それが快感になった。誰かに話を聞いてほしい，見てほしい，"私を見て"という感じがあり，でもそれに誰も応えてくれず，いつも我慢していたので，その反動かもしれない」と語る。

　また「長女が大学に行き，離れていくのが，つらい。私が1階にいると，す

73

ぐに2階に上がる。大学で家を出ることが決まりそう，18年間手塩にかけて育ててきたのに，行ってしまうのではと，急に娘との別れが眼の前に迫ってきた。行かれるとつらい。娘が初めて保育園に行く日に，私が泣いた。私の言うことを聞いてきたのが，先生の言うことを聞くようになるので，取られてしまうようでさびしくなった。自分はそれほど強くないので，昨年父親も亡くなり，頼れる人がいなくなった」。

そして，「もう，リセットしたい，リセットボタンをここに置いてほしい」と訴える。さらに，「自分は両極端であり，自分の爆発性は抑えることはできない」と語るので，Th より〈夫と同じように，周りの人と距離をとることはできないですか〉と勧める。

その後，面接を続けていく中で，「最近は，何か感情のたがが外れて，ボロボロ泣いている」とかなり不安定になっている様子が語られる。「家では人にあたることはないが，物を叩きつけている。悔しい，自分のいやなところを消してほしい」と訴える。「気は短い方だと思うが，だから猫を被って，20年間，我慢して過ごしてきた。母親に，『あなたは何も言わず"はい"と言えばいい』と言われて育てられてきた。悲しくて，悔しくて，今は逆に相手に"はい"と言ってもらわないとダメで，夫の愛情，言葉を求めてしまう。先日，夫が初めて自分から手を出して，握ってくれた。頼れるのは夫しかいない，でもしてくれない時は，報復する。悔しさが湧いてくると，止められなくなる。いろんな欲求が，殻を破って一気に出てきて，食欲，性欲も，でもそれを冷静に見ている自分もいる。家では，今暴君のように振る舞い，家族の皆は，腫れ物に触るように接しているが，それが気持ちいい。家のことは，これまですべて私がやってきたので，今は何もしたくない」と自分が中心になって周りを動かしている感覚を感じており，それに快感をおぼえているようであった。

4）第4期（#51〜#65）：愛着関係の修復

51回目の面接で，初めて夫と来談し，夫婦合同で面接する。家と同じようにすれ違いが大きくAさんは，「夫に話しかけても背を向けて寝ており，手も握ってくれない」と訴える。夫は，『毎日仕事で疲れているが，してほしいこと

第3章　母親に取り込まれる娘

があれば，言ってくれれば，それに従う』と話す。さらにＡさんは，「自分が
言いたいのはそういう表面的なことではなく，ちゃんと自分を受け入れてほし
い，わかってほしいということ」と訴える。夫としては，『それほど複雑なこ
とではなく，もっとシンプルに言ってほしいし，Yes か No かだけである』と，
なかなかかみ合わないところもあるが，お互いにそれぞれの思いをぶつけたの
で，Ａさんも「そう言われるのなら，きちんとお願いするようにする」と語
る。途中ではかなり激しいやり取りがあったが，お互いに思っていることは十
分に伝え合うことができた。

　そして，次の面接では，Ａさんはいつもより明るい表情でやってくる。相変
わらず怒りは湧いてくるが，「止まっていた頭が動き出した」「凍っていた頭が
徐々に解凍してきた」と語る。「前回，ここで夫と一緒に面接し，言葉の行き
違いがどれだけ大きいかわかり，それを言葉で言えたのはよかった。最近は，
自分も折れなければと思い，受け入れるようになったので，よかった。入院前
までは，夫とは家庭内別居状態だったが，今は本音の部分も少しずつ話してい
けるようになった。一人になることに慣れていかないといけない」と語る。ま
た，「人の気持ちを考えられるようになった。これまで長女が保護者みたいな
ものだった。入院の時にも付いてきてもらった。それだけ大きかった。それが
いなくなるかもしれないので，その準備をしていかないといけない。いつまで
も甘えてはいけないと思った」。そして「先生から夫に話をしてもらってよか
った。ああいうちょっとした気持ちのずれが私には大きい，でも男性にはそれ
はわからないでしょうね」と語る。

　そのような中，先日Ａさんを解雇した上司が，家に来たということで，「再
び会社の契約を打ち切られたことを思い出した」と語る。

　「昨日，また家で暴れて，長女に“この悪魔”と言ってしまった。その後，
泣いて謝ったが，取り返しがつかないことを言ってしまった。長女は今日学校
を休んでいる。でも，『悪いことしたね，ごめんね』と平気で言う上司の方が，
もっとたちが悪い」と，上司の発言と比べて，自分の態度を正当化するように
語る。Th より，〈Ａさんは，心から謝ってほしいのですよね〉と，子どもや
会社の上司への思いとともに，母親に対する思いもあるのではと感じながら伝
えると，「謝ってもらっても許せないところがあり，怒りが湧いてくる」と語

75

る。

　そのような中，「再び怒りが爆発することがあって，椅子を倒した。その後動けなくなり，病院に運ばれた。自分は，意識はあったが，一切口をきかなかった。その夜，夫が手を握ってくれて，幸せを感じるようになった。それでも，休日に，子どもたちみんなが出かけ，一人になると怖くなり，“誰か帰ってきて”と連絡をしまくった。高校のクラブ活動も，どこか虚しさがあって，さぼっていた。結婚してからそのさびしさを取り戻そうと，会社でもすごく貢献して，頑張ったし，会議には必ず出るようにして，献身的に仕事をしたが，突然首になり，辞めさせられてしまった。自分の頑張りが報われなかった。長女も，大学進学で離れていって，私からすべてなくなってしまった。皆が離れていってしまう。本当の理解者は，長女だけであった。その娘も私を捨てていく」と涙を浮かべる。Th から〈それは悪く受け取り過ぎでは，娘さんが捨てていくと言いましたか〉と返すが，Aさんは受け付けようとしない。

　「夫にも，“抱っこしてほしい”と頼んだが断られて，またけんかしてしまった。夫にさんざん悪態をついて，叩いてしまった。これが本当の自分だというのもある。どこか相手を許せていないところがあり，人間が嫌いである」。Th より〈抱っこしてもらいたいというのは，夫にというよりは，家族にしてほしかったのでは〉「今の家族？」〈いえ，以前のあなたが小さいころの家族に〉，「…」，Aさんは涙を浮かべ，「母は兄をかわいがっており，私には勉強するのにも『広告の裏に書いておけばいい』と言っていた。あと，タバコを押し付けられた記憶も忘れない」とこれまでの恨みを語る。「高校の頃，初めて病院に行ったが，その時父は，母の病気のことは一切話さなかった。大学に入って，初めて母が診察を受けたが，その時には，精神がかなり侵されて，混乱していると言われ，“ざまあみろ”と思った。でもそれは遅すぎた。父に相談し“病院に連れて行ってほしい”と訴えても，『お前さえ，我慢すればいい』と言われ，聞き入れてくれなかった」。Aさんは，「仕方なく母の話を一生懸命聞いていた。私は，母親のはけ口として生まれてきたようなものだ」と語るので，Th より〈夫への攻撃は，本当はわかってくれなかった母親や父親への怒りでは？〉と伝えると，しばらく沈黙し，「父は，母を病院に連れて行ってくれなかったので，でもやさしい父で，私は大好きだった，父としか遊んだことがな

第3章　母親に取り込まれる娘

い。夫とのことが，母のことと関係しているとは思いもしなかった」とこれまでの自分を振り返り，内省を深める。

　そして次の面接では，中学高校の成績表を持ってくる。中学高校と抜群の成績であった。学校は，Ａさんにとって「成績がよく，人の上に立つぐらいの人間になるのが最大の目的であった。母から『人間何が大事か，それは人の上に立つことだ。部長ぐらいしいや，アカンたれやな』と言われてきた。それで頑張ってきたが，クラブの顧問は，全くできない人を部長に選んだ。こんなに頑張って，夜中まで練習してきたのに，母が言っていたこととは，何か違うのではないか，と思い，それから混乱していった。その時，空を見ていて，急に泣けてきた。きれいな色の空で，真っ青な空が印象に残っている。その後，家を離れてからは，親に迷惑かけてやろうと本能で思っていたのか，大学ではかなり乱れた生活を送っていた」とこれまで何度も語った昔の体験をゆっくりと噛みしめるように言葉にしていく。

　また，「母を病院に連れていかなかったので，父を恨んでいるのかもしれない。高校の頃，母が階段を上がる音を聞いただけで，怖かった。"もうやめて，今中間試験の時なのに"と言ったが，どうすることもできず，父に裏切られた思いがしたのかも」と当時を思い出し，しみじみと語る。

　さらに，「小学３年の頃，父がいない時に，母からタバコを押し当てられていた。その恐怖から，ほとんど母親とは話ができなくなっていた。その頃，仲よしの小学生女子３人で，一緒に帰っていたが，私は一言もしゃべれなかった。学校で，サッカーボールが当たった時も，母からは怒られた。他の子に話すと，『怒られるわけないよ，うちは親から心配されるよ』と言われ，それは自分には新鮮だった。他の子の家に行くと，クーラーがついており，友人の母親がジュースを持ってきたりして，やさしくしてくれた。その友人が私の家に来た時，床のほこりをティッシュで拭いていたのを見て，ショックを受けた。汚れていることさえ知らなかった。家が違うとともに，母親も違うのだと初めてわかった。私はこれが普通だと思っていた。でもどうして自分は人の中に入っていけないのか，わからなかった。小さい頃母親に『あなたは日本人離れした顔をしている』と言われていた」とさびしそうに語る。

　こうして少しずつ，母親や父親との関係を語り，自分の生きてきた家族につ

いては理解を深めるが，他方で夫との関係は安定せず，「抱っこしてほしい」と言っても，『今はできない』と言われその言い方がきついと感じたり，さびしさを感じ，家を飛び出したりも繰り返されていた。ただ，以前ほどの不安定さはなくなり，何とか家族の支えで生活できるのではないかという状況であった。その後も，夫への不満が語られ，「対応はしてくれるが，その言い方がきつい，傷つく」と語り，「家を飛び出そうと思ったが，そのまま実家に行って泊まった」ことや「会社の上司に解雇取り消しを求めていたが，それは取り下げた」ことが語られる。

　そして，「今は治したいという方が大きくなった」と前向きに考えられるようになった。その後，衝動的になることはほとんどなくなり，生活も安定してきたので，Aさんとの面接は終わる。

4　愛着障害とその世代間伝達

1）Aさんの傷つきと愛着関係

　Aさんにとって，「母親のきつい性格」は，小さい頃からの大きな問題であった。しかし，母親との関係，家族の状況は，子どもにとって生きる環境のすべてであり，その環境の中でしか生きられないのである。したがって，子どもはその環境のすべてを受けとめ，その中でどんなに息苦しく，違和感を覚えても，そのようなものだと信じて生きていかざるを得ないのである。Aさんは，「生まれてから母が敵だった」と述べているが，これは後に大きくなってから，振り返ってそうだったに違いないと理解したということであり，小さい子どもにとって，母親を敵として認識するのは，なかなか難しいことである。しかし，それは子どもが成長するにつれて，少しずつ認識されるようになる。小学低学年で，電車でジュースをこぼし，Aさんの責任にされたこと，母にタバコを押し当てられ，怖くて怖くて仕方なかったこと，さらに，小学3年生で，学校でボールが当たり，母親に怒られたが，友だちと話し，他の家では「心配される」と聞いて新鮮な感覚を覚えたこと，また，友人の家に行って，母親がやさ

しくしてくれたり，友人が家に来て，床のほこりを拭いたりして，家が汚れていることさえ知らなかったという体験は，Ａさんの自分の家の特異性や母親の態度への違和感を，少しずつ高めていくことになる。そして，Ａさんは，母親との関係で，安心できる安全基地としての体験をほとんど持つことなく，常に恐怖や理不尽さを感じなら，生活していたのである。したがって，Ａさんの愛着関係は，非常に希薄で不安定なものであり，大きく揺らぎ，安心・安全感を感じることのできない愛着障害を呈するようになったと理解できる。

　筆者は，このようなその家独特の雰囲気を，家族風土（内田・村山，1992）として，提示したことがある。そしてこの家族風土は，子どもが他の家に行ったり，他の子どもと関わったりする中で，家族内の雰囲気に対する違和感として感知されるものを通して，認識されるようになるのである。Ａさんは，このような友人たちとの関わりを通して，母親の対応がいかに理不尽で，冷たいものであるかを感じ取り始めていた。そして，中学１年の時の家庭訪問で，母親が『私は子どもが嫌いです』とはっきり言ったことで，自分は嫌われていたのだ，ということがわかり，傷ついていったと思われる。このように，Ａさんと母親との愛着関係は，非常に錯綜したものであり，自分は嫌われているのでは，という不安にさいなまれながら，他方では親に愛してほしい，認めてほしいと思い，母親の言うとおり，期待通りに，勉強も必死に頑張り，クラブ活動も夜中まで練習して，周りに認めてもらうまで，ストイックに必死に生きてきたのである。

　しかし，それは高校の時のクラブの部長になれなかったこと，そしてその後夜中に聞かされる母親の訳のわからない話に，混乱し，Ａさんの保っていた，母親に認めてほしいという願いは一気に崩れ，精神的なバランスを失っていったのである。もともと，親との愛着関係を十分に得ることのできなかったＡさんにとって，その心の危機的状況を乗り越えるだけの強さはなかったと思われる。

　それまでの母親との関係における傷つきや安心・安全感の欠如は，対人関係にも現れ，人とうまくしゃべれない，夜になるとさびしくなり，誰かにわかってほしいと思ってしまい，誰かとしゃべりたくなる。さらに，現在の夫との関係においても，やさしい一言があるといいが，それがないとそのさびしさ，不

安に耐えられなくなり，一人で夜家を抜け出すというような，問題行動として現れていた。

２）愛着の世代間伝達と母娘関係

　Ａさんにとって，母は絶対的権力者であり，母親に逆らい，拒否されることは，生きていけないというほどの状況であった。母親は，Ａさんにいろんなことを求め，Ａさんはそれに応えて，母に認めてもらうために一生懸命にやってきていた。

　母親の言う通りに勉強も頑張りトップクラスであり，クラブ活動も一生懸命練習していた。このような親の期待が非常に強く，それに子どもも応えようとしている時は，母子間の心理的な距離が近く，かなり一体感を持った中で生活していたと思われる。そして，その分Ａさんには母親からの影響も強かったのではと思われる。しかし，高校でそれが崩れ，Ａさんはこれまでの母親の言葉が信じられなくなり，問題行動を起こすようになる。それでも親は何も言わず，理解しようとしないので，Ａさんは怒りが収まらず，異性との関係を持ったり，夜間出歩いたりしていく。そして，そのような母親から離れようと，大学で一人暮らしを始めるが，そこでも頼れる男性を求めてしまい，散々な生活であった。母親からの呪縛から離れようと，一人暮らしを始めたのであるが，それはかなり困難な作業であり，心のどこかで母親への怒りや恨み，そしてさびしさが付きまとい，一人で伸び伸びと生活することは難しかったようである。

　結婚してからも，その怒りを夫に向け，お皿を割ったりしているが，それは母親が昔，新聞を破ったりしていた光景とどこか重なり，自分も結局は，母親と同じことをしていることに気づいていく。このように，愛着障害を抱えた親子においては，知らず知らずのうちに，いつのまにか母親の感情，行動パターンを取り込んでおり，結局は同じような行動をとってしまうのである。

　そして，今長女も，家を出て一人での生活を望んでいるが，それはＡさんにとって，大きな衝撃であり，「置いていかれる」「捨てられる」という体験として語られている。このように自分が若い頃体験した時は，苦しくて少しでも家を出て，母親から離れて暮らしたいと望んでいたが，実際に自分の子ども

第3章　母親に取り込まれる娘

（娘）がそのような状況になると，その心情を思いやることは難しく，自分の
さびしさ，見捨てられ感だけが強烈に感じられるようである。

　娘が初めて保育園に行く日に，とられるようで，さびしくなり泣いたという
エピソードからも，Ａさんと娘との近い関係性がうかがえる。それは，今まで
母親の言うことを素直に聞いてきたのに，これからは先生の言うことを聞くよ
うになるのか，というさびしさであった。この自分の手から離れて，自分がコ
ントロールしてきた世界から離れて，別の世界に行くのではという不安は，す
でに保育園入園の時から感じられ始めていたのである。

　また実母から「あなたは何も言わず"はい"と言えばいい」と言われてそれ
に率直に従って育ってきたＡさんにとっては，娘を自分の手元において，言う
ことを聞いてほしいと願うことは，自然なことであり，娘にも求めていたと思
われる。この母娘関係にも，同じような関係のパターンが繰り返されており，
世代間伝達が起こっている。

　長女（娘）は，今このＡさんとの生活において，まさにＡさん自身の幼少期
のように，母親の期待に応え，必死に母親を支えている。夜，一人になるとパ
ニックを起こす母親に寄り添い，母親が眠るまでは，一緒にいて，共に過ごす
ようにしていた。Ａさんがパニックになり，物を投げたり，壊したりしたら
その片付けをし，手を握ってほしいと頼まれたら，それに応えていた。しかし，
娘も限界があり，途中で寝てしまっていたり，母親の暴言に反抗し，態度を荒
げたりすることもあった。そのような中，高校を卒業し，遠方の大学に行きた
いというのは，自然な成り行きのようであり，娘にしてみると生き延びるには，
そうするしかなかったと思われる。しかし，他方でＡさんにとっては，それは
衝撃的な体験であり，受け入れがたいことであった。Ａさんと娘の関係につい
ては，今回はそれほど詳しく取り上げていないが，このような形で，母親とＡ
さんとの関係が，Ａさんと娘との関係にも，密接につながっており，全てが連
動しながら繰り返されるパターンとしてつながっていく様子が見て取れる。

　今Ａさんは，少しずつ自分の対人関係のパターンに目を向け，治療を受けな
がら，また夫や家族の援助を受けながら，何とかこの状況から抜け出そうと，
つまりこの世代間の連鎖を断ち切ろうとしているのである。そして，それはお
そらくＡさんと娘との関係にも，大きな影響をおよぼしていくことになると考

81

えられる。

3）愛着障害からの回復：夫婦関係と内省的自己

　愛着障害において，「母親自身，自分の寂しさ，苛立ちなどの本音を素直
に認め，自分自身の愛着をめぐる葛藤を振り返る作業が必要である」（渡辺，
2016）と言われるように，この面接は，Ａさん自身の抱えている課題，つまり
幼少期の母親からの理不尽な仕打ち，また高校生の時の母親との断絶ともいえ
る心の奥深くにしまい込まれた外傷体験を語り，その事実に向き合うプロセス
であった。Ａさんは，母親との愛着関係の不全により，「自分は愛される価値
がない」といった固定化された信念体系に支配され，執拗に相手にしがみつい
ていき，一人になることの恐怖，分離の痛みを回避しようとする悪循環に陥っ
ていた。面接では，そのパターンを繰り返し取り上げ，修正していく介入を行
うことで，少しずつＡさんは安定していった。
　具体的には，Ａさんの「満たされていない，いっぱい甘えたい」という訴え
に対し，〈それは大切なこと，でも枠や限界というのがあるので〉とその満た
されない思いを全て満たしてもらおうというのは無理であり，限界があること
を伝えていった。Ａさんは自分でも何とかその衝動を抑えようと，頭では理解
しコントロールしていこうとするが，実際にそのような場面になると，どうし
ようもない抑えがたい感情が湧いてきて，「足が震えだすのです」とその恐怖
の体験を語る。その苦悩の中で，時に「先生わかりますか，いやわかってない
です」とThへの不満の感情を露わにしたり，突然声が出なくなり，筆談での
面接になったりする。
　Thは，Ａさんの思いにひたすら寄り添いながら，Ａさんに取り残され，一
人になる時の感覚に目を向けるように促し，その時の体験や周りの人への感情，
特にここでは夫に対する感情を語ってもらった。その中で，夫や子どもへの
しがみつきの状況における何とも表現しがたい感覚，Ａさんの胸の奥にある心
の風景として，誰からも理解されず，また自分の感情を表現することなく，ひ
たすら一人で耐えてきた荒涼たる心の世界が，おぼろげながらＡさんに感じら
れるようになる。それをＡさんは，「心の中にカミソリをいっぱい持っている。

第3章 母親に取り込まれる娘

それを革ジャンで一生懸命隠している」「本当はもっと衝動性があると思います」と表現している。そして，周りを振り回していた衝動性は，少しずつ収まり，自分が本当に得たいのは，誰かに関わって話を聞いてもらいたいということであり，そのために夜，ふらふらと出歩いてしまうこと，ただ夫に手を握ってもらい，やさしい言葉の一つでもかけてもらえれば，それで十分なのだということを言葉にしていく。そして，「自分は甘えているだけだと思う。子どもに甘えている」と語り，過度に周りに求め過ぎてはいけない，ほどほどのところであきらめざるを得ないのではということに気づいていく。その一方で，家では暴君のように振る舞い，周りが関心を向け，気を配り，一喜一憂することが，Ａさんにはどこか心地よい体験であり，Ａさんが求めていたものの一部を得ることができたのではないかと思われる。

　虐待などによる愛着障害の世代間伝達について，渡辺（2016）は，「長い年月にわたりその人の人格発達や対人関係の予測や期待のもち方を歪め，狭く偏った苦しい生き方に，その人を追いやっていく」と述べている。Ａさんは，まさに長年にわたる母親の理不尽な関わりにより，傷つき，対人関係では周りの人間を信頼することができず，全て自分の願望を満たしてほしいという過剰な期待を抱き，周りの人間を翻弄し，混乱させていた。これは，Ａさん自身にもどうしようもない感覚であり，その悪循環により自分の人生を息苦しいものにしていたのである。

　渡辺は，このような世代間における愛着の障害から抜け出すために，「心の安全基地」と「内省的自己」（reflective self）の必要性を提示している。

　心の安全基地とは，母親が，自分が受けてきた過酷な体験をたじろぐことなく，また否定したり責めることなく聴いてくれる相手を持てることであり，「暖かく包容力があり，母親を責めず，心からやさしく母親に理解を持てる人であることが大切である」と述べている。この相手は，必ずしも，専門家としての相談者だけではなく，日常の中で接する配偶者や家族でもいいし，信頼のおける友人でも，このような関係を持つことは可能である。Ａさんの場合は，医師やカウンセラーなどの専門家もその話し相手にはなっていたが，現実的には，Ａさんの狭く偏った対人関係や感情表現に振り回されながらも，粘り強く付き合ってくれた夫の存在が大きいと考えられ，また子どもたちの存在も大き

かった。そのような家族を形成してこられたことが，Aさんが自らの愛着障害の連鎖を断ち切っていく安全基地を再構築していくことにつながっていったのではないかと考えられる。

　このような安全基地の再構築により，Aさんは少しずつ，これまでの母親との体験を語り始め，これまで誰にも話したことのないつらい体験を，初めて面接室において第三者に語ることになる。しかもその時の恐怖や悔しさ，何が起こっているのか，訳のわからなさなど，当時は自分でもよく理解できなかった状況であり，それを今振り返り，正直に情緒的に振り返ることができたのである。これが，内省的自己と呼ばれるものであり，この内省的自己が育成され，安心できる場でしみじみと自分を見つめることができることで，繰り返されるパターンをストップすることが可能になり，心の葛藤・歪みの世代間伝達を断ち切ることができるのである。

第**4**章

期待のあり方から見た母娘関係

1 母娘関係と親の期待

　母親と娘の関係について，ここでは，親の期待という視点から，検討してみたい。まず，母娘関係について，菅（2005）は，思春期女性との面接を通して，「女性が，自分が自分らしい生き方を決めるべき時期に，立ちすくみをきたした青年は，自分を見つめなおし，必ずといっていいほど親子の間の『積み残された問題』を掘り出してきます」と述べている。また，すでに述べてきたように高石（1997）は，母親と娘の関係を"母を支える娘たち"という視点から検討している。つまり母親を代行し，母親の愚痴や不安のはけ口となり母親を支える母と娘の関係のありように着目し，そこでは"傷つきやすい母親"（北山，1997）というイメージだけではなく，そのイメージを担う母親と娘の間のパターン化されたやり取りがあり，それは面接場面においても再現されると述べている。小林（1995）は，母親面接の過程において，母親の心の中の母娘関係と娘の心の中の母娘関係が同時的に変化していく過程を指摘している。

　このように，母親と娘の関係は，幾重にも重なり合い，複雑な関係を作り出し，それは思春期女性の発達においても大きな意味を持ってくるものと考えら

れる。

たとえば筆者が経験した不安発作から不登校に陥った女子高校生との面接においては，「ギュッと心臓を握られているような感じ」といった不安発作の初発における状況，またその不安のもとになっていると思われた母親との関係，さらには小さい頃のさびしさやいじめられた経験などが語られた。

これらの出来事と不安発作との関連を検討する中で，娘の母親の期待に応えようとするこれまでの努力と，その期待に応えられない自分をわかってほしいという苦しい葛藤状況が語られた。中村（2000）は，「クライエントにとっては，理想化された憧れの対象であった万能的な母親の期待に応えることが，自分自身の価値を高め，確認することのできる手段の一つだったのかもしれない」と述べ，思春期の子どもにとって，母親の期待の大きさについて指摘している。

本章では，母親の期待に対し，子どもがいかにそれに沿おうとしてきたか，またそれに応えられないときのつらさと不安発作の関係について検討した。さらに子どもの持つ期待にも注目し，母娘の期待のあり方を明らかにするとともに，子どもの抱える不安の取り扱いと，その結果生じた期待のあり方の変容について検討することを通して，期待という視点から母娘関係について見てみたい。

なお，本事例は筆者が経験したものを元に，内容の本質を損なわないように大幅に修正し，再構成したものである。

2　Bさんの家族構成と主訴

クライエント：高校2年の女子，Bさん

家族：父親（会社員），母親（会社員），兄（大学生）。近くに母方祖母・叔母が在住

高2の2学期に入り，やる気がなくなり，不安感が強くなり，たまに学校を休んでいた。高2の10月に母方祖父が亡くなる。その後毎日がしんどくなり，ドキドキするような息苦しい感じになった。12月の期末試験の日に学校を休み，

第4章　期待のあり方から見た母娘関係

それを知った母親に電話で今から家に帰ると言われ，Bさんはどうしようとパニック状態となり，泣きながら祖母に電話し，祖母と叔母が家に迎えに来てくれた。その後祖母の家に行き，2日間過ごした。家に帰り，担任の勧めで，母親と共に筆者の勤めるクリニックを受診する。パニック障害の診断を受け，本人がカウンセリングを希望し，筆者との面接が始まった。

3　Bさんとの面接過程

　1年6ヶ月，26回（以下♯26と表記）にわたる面接過程を，3期に分けて報告する。

　「…」はBさん，〈…〉はセラピスト（以下Th），『…』は母親の発言を示す。

1）第1期（♯1〜♯8）：不安に圧倒されつつ，これまでの思いを語る

　初回は，母子で来談される。クリニックにはカウンセラーは一人しかいないため，また本人の不安もかなり高いということで，初回の前半は母子同席で面接，後半は本人のみとの面接を提案し，了解してもらう。はじめに同席で母親が，Bさんの落ち込みや不安，苛立ちについて語り，『それが何に対してかがはっきりせず，突然息苦しさや胸が締め付けられるような感じを訴える』と説明する。『2学期に少し学校を休むことがあり，12月の期末テストを受けていないことが明らかになった。その日の夕方，私と話したときは，泣いて全く話ができず，その後は祖母のところへ行った。何が原因でそうなるのかがわからない』というのが，今の母親の思いである。

　その後，本人と面接する。「高校に入学した頃からたまに休むことがあり，高2の2学期，制服を着ていこうとするが，行けなくて休んだ。不安が“また，来たかな”と思ってしまう。これまでも急に怖くなり，不安になったり，マイナス思考になったりすることはあった。このままずっとこんな状態で戻らないかもしれないと思い，それがまた不安になる。両親は共働きで，母親はほとんど家にいなかった。人に相談というのがしにくく，自分のことを言うのは苦手

であった。溜め込んでいる途中では言わないで，これ以上無理となると一気に話す。母親は，喜怒哀楽が激しく，怒るときはむちゃくちゃ怖い。母親がどこかに出かけ，帰って来た時，機嫌が悪いのではとドキドキする。また，食欲と関係なく食べて，それがまた気がかりである。中3の秋から高校入試までに10キロ増えた」と，過食傾向のエピソードも語られる。

#2以降は，Bさんのみとの面接になり，Bさんは面接中何回も涙を見せながら，これまでの思いを少しずつ語っていく。

「先日近くにいる祖母が倒れて，今母親が仕事を休んでいる。それまでは，自分が一番先に暗い家に帰り，それがつらかった。それを母親に話して玄関だけ灯りをつけてもらっていたり，祖母に家に来てもらったりしていた。小学低学年でいじめにあい，つらかった。仲のいい子が全然助けてくれなかった。その時も黙っていて，最後に母親に泣きながら話すと『毎日毎日，泣いてばかりで……』といわれ，ズキンときた。以後，自分のことは自分でしないとだめだと思った。誰にも相談できなかった」と語るので〈ここでは結構話しているが？〉とThが尋ねると，「先生は生活に関わっていない人なので，自分でもいっぱいしゃべっているなと思う」と語る。

#3では，「祖母は穏やかな人だが母親，叔母（母の姉妹）は激しい性格である。12月の期末テストの時も祖母と叔母が助けてくれた。母親はちゃんと話せばわかってくれたかも，でも小学校のいじめの時，ちょっと違ったので」と涙を流し，「すいません，いつも泣いてばかりで」と気にする。Bさんにとって人に相談したり，泣いたりするのは相手に迷惑をかけるという思いが強いようであった。そこで，Thはそのことを少し明確にするために〈家でも泣くことはあるの？〉と尋ねると，「人前で泣くのはあまりない，こらえてしまう。一度泣くと止まらなくなる。泣いたら負けみたいなのがあって，こらえる癖がついている」。Thとしては，ここでは泣いてもいいですよという非言語的メッセージを伝えるように，Bさんが涙を流すのを，静かに見守った。

#4，「中学では，何も言われていないのに，何であんなに頑張っていたのかなと思う。何に対してかはわからないが，どうしよう，どうしようと不安になる。その時は必ず心拍数が上がっている。もしこのままだったらどうしようと怖くなる。ギュッと心臓を握られているような感じがする。最近3日間，な

ぜ不安になったのか自分でもわからない」。Th はこれまで見ないようにしていた不安や恐怖が，少し意識化されるようになったのではと考え〈ここで話すことで，今まで感じていなかった思いが出てきて，しんどくなることがあるかも〉と伝える。B さんも，「ここで話していると昔のことを思い出してそんな感じだったのかと思うことがある」と言う。〈人間には，自分でもよくわからない気持ちもあるのではないか〉と伝え，終わろうとすると，「さっきの話でドキドキしてきましたと胸を押さえる」。そこで，Th はフォーカシング[註]の技法（Gendlin, 1964／村山・都留・村瀬訳，1982）を用い，その感じをイメージの中で，何か入れ物に入れて，横に置いてもらうようにすると，「少し落ち着いた」ということで，面接を終わる。

#5,「母親には，前みたいに突っかからなくなった。母親は母親で，自分のことをやっていてほしい。私は些細なことで落ち込むので難しい。自分でも接し方がわからないだろうと思う，自分の気持ちを言わないので。父の方が内面的なことをわかっているようだ。母親と私は内面的なことが違うので」と語られ Th より〈何か感覚が違う？〉と問うと「全然違う」。そしてその具体的エピソードとして，以下のことが語られた。「学校に行ってなかったとき，『何で行ってないの？』と母親に言われ，そういうことではなく，悩んでいるから行けないのにと思ったが，言っても伝わらないし，言っても違うことを返されるとつらいなと思った。悩みがあると自分の中に溜め込んでしまう」。

その後，この回同伴してこられた母親より，『本人への接し方がわからないので，話を聞かせてほしい』という申し出があり，Th にとっても B さんと母親との関係の調整が必要であると判断し，母親と 20 分ほど面接を行う。

母親は，『どういう話を B としていったらよいのかわからない。学校に行ってなかったということすら知らなかった。子どもがこうなったのを知らなかったのがショックである。気を遣う子で，こちらが疲れていると話をしない。こちらの受け入れ態勢があると話をする』ということなので，Th より〈本人の

註：からだに注意を向けた時にはっきりとは表現できないが漠然と感じられる身体感覚（フェルト・センス）に対して，適度な距離をとりながら，ぴったりする表出（言葉・イメージなど）をみつけようとする内省の方法。

気持ちを聞こうという姿勢で，悩みがあるとき耳を傾けてやれたらいいと思います〉と伝え，母親の今までのBさんへの関わりを尊重しつつ，Bさんは母親が〈思っている以上に，母親の態度や発言を敏感に感じている〉ことを伝える。

　#6，「小学校の頃，母親が休みの日はすごく喜んでいた。小学まではさびしいと思っていたが，中学では，一人の方が好きなことができるので嬉しかった」。

　#7，「昨日学校を休んだ，ちょっと休みたくなった。母親は休んだと聞いて泣いていた。怒られるかなと思っていたのに，泣いたので，普段はないことなので，驚いた。泣かれるとそっちの方がグサッときて，私が泣かしたなと思う。その時母親に『私が（家に）いないのがそんなに悪いのか，それなら仕事を辞めたらいいのか』と興奮して言われ，私も"言わないで"と言い返し，落ち着いてからは，少し言い過ぎたなと思った。私の影響が大きかったのだなと思い，でもこのままいったらしんどい」と語る。また，母親とBさんとは「"もと"が違う。だから言っても伝わらないので，違うなと思う」と，母親とのわかり合えなさを繰り返し訴える。母親との関係が繰り返し訴えられるので，その時の感情と不安発作との関連について〈母親と話したり，怒られたりするときのドキドキと，今不安になってドキドキするというのはつながるのかな？〉と尋ねると，「あ，あるかも，そんなこと思ったこともないけど……，でも一緒ではないが，何か（つながり）あるかも……」とじっと考え，何かを感じているようであった。

2）第2期（#10〜#17）：母親との関係をめぐる苦悩

　新年度になり，Bさんは精神的にはかなり落ち着き，学校には普通に通えるようになっていたが，その分，母親との関係やこれまでのさまざまな体験が思い出されるようになる。

　#10，不安感，ドキドキが面接中でも見られたので，ここではフォーカシングの技法を用いて，その身体感覚に少しふれてみる。Bさんが語った胸の辺りにあり，迫ってきて，めり込んでくる感じに焦点を当てると，次第に「丸くて黒い鉄の玉」のイメージが鮮明になる。「その鉄の玉が胸の辺りから入り込

んでくる感じで，だんだん息苦しくなり，それが全部入って頂点に達すると心臓の鼓動が早くなり，ドキドキしてくる」とかなり苦しそうであった。Th は〈その感じとしばらく一緒にいるように〉促すと，初めの頃のような，迫ってくる感じや息苦しさはなくなる。最後に〈それをどこか置いておく場所があれば置いてみるように〉と提案すると，「トラックに乗せて持って行ってもらう」というイメージが出てくる。

#12，「高2の2学期の頃は，追い詰められていた。これはあかんな，しんどいなと思っていたが，わかっていてもどうすることもできずにいた。そして，誰かにわかってほしいというのがあったのかもしれない。友だちに言ってもわかってもらえるかわからないし，先生は全然ダメ，母親は話せないし，話そうとも思わなかった。母親とも少し話をしてみようと思って話をし，わかってもらえたかなと思ったが，『でもこういうことでもう学校休んだりしないでね』と言われ，それがまたズキンときた」。そして，「母親とは本当にわかり合えないなと思った」。さらに「自分に自信が持てない，自分のことがいやになる」と自己否定的な発言が多くなる。友だちとの関係も被害的に受け取ることが多く，沈んでいる自分を周りがどう見ているか気になる。「そういう時，普段気を許せる友だちがいると，相手にいやな思いをさせるのでは，また本当に嫌われたくない人に嫌われたらと考え，それが怖い。そういう時は一人で居たいので，その人を避けてしまう」。

#15，「土・日に母親と話した。こちらのペースで話そうと思うが，母親は向こうのペースで聞いてくるので，それでしゃべっていると，いらいらしてくる。あかんなと思ってしゃべらないようにしている。わかってほしいと思っていたが，今まで何回も傷つくことがあって，わかってほしい，受け入れてほしいというのがあった」。〈それは難しい？〉と尋ねると，「今はそんなにわかってもらわなくてもいいかな，と思うようになった。期待して言って，違うことを返されるとその分傷つく。もう母親は変わらないし，受験のこともあるので。母親は自分とかなり違っている。いや，かなりではなく全く違うタイプの人です」と語る。

#16，「小さい頃の母親は激しかった。母親は『あの頃は子育てに必死だったので』と言っていた。私は一度あったことはずっと忘れない。小学1年の時，

ピアノの練習で『もっと練習しなさい，したの？』と聞かれ，私が『してない』と答えると，顔をぱちんと叩かれた。え，何で叩かれたのだろうと思ったが，でも怖くて言えなかった。母親が怒るのがすごくいやで，兄に怒っている時もいやで，ドキドキしていた。怒られないように，おとなしくしていた」と外傷的な体験が語られる。

「また，高校に入って，ずっといらいらしていた。最近，やっと学校が楽しいなと思えるようになった。前は，家の中でも不安の塊があって，それがしんどくて，最後の方は，家にいても学校にいてもしんどくて，追い詰められていた。不安になったら食べる」と言う。

#17，「夜，母親と二人で食べるときがあり，いろいろ話した。小さいころ，相談したけど冷たくされたので，今でも話しにくいと言った。父親には話しやすいと母に言うと，『それなら父親にいっぱい相談したらいいのでは』と言われ，プチンときた。また，母親が何かしようとすることはいい感じではないと話すと『じゃ私はどうしたらいいの』と言われたが，今までどおり普通にしてくれればいい，と思った。行動ではなく，もっと言いたいことがすっと母親に入っていってくれればいいと思う。私は目に見えるところではなく，もっと見えないところで伝わればと思う。行動とかで返されると，それはちょっと違うなと感じる。家に帰りたくなくて，ぎりぎりまで学校にいる。周りの人に，何で元気になったのと聞かれるが，それは私にもわからない，ただ，しんどいということを周りの人に言えたのがよかったのかと思う」。

3）第3期（#18〜#26）：母親への不信感や自己否定感が和らいでいく

#18，「先週久しぶりにしんどくなった。小学校のいじめの体験を思い出し，あの頃つらかったな，学童保育でも受け入れてもらえず，私が悪いのかなと思ってきた。私が駄目だからいじめられる。駄目だから母親に怒られるとずっと思ってきた。その頃，母親が間違っている，おかしいとは思っていなかった。変だな，何でそのくらいで怒るのだろうと思ったのは，小学5，6年ぐらいになってから。自分が悪くなかったら母親は助けてくれるだろうと思っていた。

第4章　期待のあり方から見た母娘関係

今思うと頑張っていたなと思う。今になってその反動がきているのかもしれない」。

　#19,「こちらが落ち着いていると母親を受け入れられるが，落ち着いてないとすごく怖く感じ，受け取り方が変わり，両方（怖いときとそうでないとき）の母親がいる。自分が悪いことをしていないときは，八つ当たりしないでと言えばいいが，身体が反応してできない。決心して言ったときの母親の受け止め方が今までと同じだと，悲しい」。〈中身を出したときの反応が怖い？〉「……。母親と話すとき，昔『ぐずぐずして』と言われたのがいやだった。相談の中身のつらさと，言ったのに受け止めてもらえないと，さらにつらいので言えない」。〈ここでは？〉と尋ねると，「言ってどう思われているか，最初の1ヶ月はすごく気になっていた。自分の思っていることを言うのも苦手であり，また他に大変な人がいるのに，こんな私の小さな世界のことを話していいのかなと思ってしまう」。〈こうやって聞いてもらうのが迷惑をかけていると感じるような？〉「なんか甘えているのかな。母親が仕事をしていたので，甘えたいと思ってもそれを言ってはいけないことかなと思っていた。人よりすごく甘えたがりだと思うし，でもそういうことができなくて」。〈そうか，甘えたがりなんだな〉と返すと恥ずかしそうに笑う。

　#20「小学校の頃，いじめを受けて，人に言ったら変わるかなと期待していたが，何事もなかった。その頃の話になると泣いてしまう」と涙ぐむ。

　7月，キャンセルの連絡，「夏休みは学校の補習や塾に通うので，時間の都合がつかないので」と，8月末に予約変更になる。以後，「面接は，受験勉強もあり，学校生活も少し落ち着いてきたので，月1のペースでお願いしたい」という申し出があり，Thもそれを了解する。

　#21,「しんどくなることは何回かあった，息苦しさはないが，外に出るのがいやで，学校への途中で帰ったりした。ドキドキするのは，なくなった。小さいころより，怒られて，私が悪いのかなと思うようになっていた。本当はすごくいやなときでも，いやと言えなかった。学校の先生からもいやなことを押し付けられた。少し反抗的で暴力的な子がいて，誰も一緒はいやなのに，"じゃBさん，一緒に組んでやって"と言われた。"先生，私もいややねん"と思ったが，言えなかった。そういうことが何回もあった」。

93

#22,「ある時から，息苦しくなることはなくなった。母親とは変わってない。拒絶感・怖さはなくなってないが，意味もなく恐くなるというのはなくなった。気づいたらなくなっていて，自分でも何でだろうと思う。去年の今頃，しんどくて，自分で自分がいやになっていた。今の自分は本当の自分ではなく，その時の自分を受け入れてなくて，いつか本当の自分がという思いがあった。いらいらする矛先を母親に向けていたのかなと思う。自分を嫌いだけど，でもこれも自分だしなと，少しずつ思えてきた。いやなこと，しんどいことから逃げていて，その時はしんどくても，逃げるのをやめたら，はじめは大変だったが，だんだん楽になって，それがこの1ヶ月だったようだ。自分の中で，絡まっていたのが少しほどけてきた感じ。パズル，初めばらばらだったが，1個がわかったので（全体が）わかってきた感じなのかな。昨年の今頃，思いつめて，死んだ方がましだと思っていた」。

#23「最近は不安定になることはないが，少し息苦しくなるぐらい。母親とは，拒絶感はある程度なくなったが，だからといって距離を縮めようとか，わかってもらおうという気持ちはない。前はわかってほしいのが強かったが，今はいいやと思う」。

#24「以前のことを思い出し，こっちがぎりぎりの時なので，自分のことを否定されているような，そうなっている私が悪いみたいな，実際にそういうことも言われた。母親はそういうつもりではなくても，私はそう受け取っていた。母親は，何か受け止めるのではなく，私が悪くてそうなったといつも言われ，あー，思い出すと腹が立つ」とその時の感情がよみがえるようで，感情を込めて語る。「受け止める，それだけでよかったのに，それはなかった，絶対に。母親への怒りは，小・中学ではもっとあったが，今はそんなにない，仕事と家庭，母親のおかれている状況が今は見えてきた」。

#25,「夏の終わりぐらいから少し楽になった。自分が悪い，悪いとずっと思っていたが，それをちょっとやめた。"私だけが悪いのじゃないのでは"と考えられるようになった。前は，しんどくても頑張らなければと思っていたが，今はそう思わなくなったが，今度は無気力になっている。母親に対しては，何もしなくていいので，言葉や態度で傷つけないでほしい。追い討ちをかけるのは，やめてほしいと思う」。

#26 「受験が終わるまで必死であり，2月に試験が終わり，その後疲れた。高校も卒業したが，高校はあまり好きではなかった。今までは，気分的につらくても，勉強に集中し無視していたが，入試も終わり，今は抑えなくてもいいので，母親にも言ってしまって，気持ちが不安定になったりする」と，自分の気持ちをコントロールすることが難しい時もあるようであった。Thとしては，勉強・受験ということで少し抑えていたものが，一段落して母親への感情として少しずつ表現されるようになったのではと考えた。これからもう少し母親との関係や女性性としての課題があると感じられたが，それは大学生活を通して自分の力で十分にやっていけるのではと考えられ，本人も「大学に行くと面接を継続するのは難しい」ということで，この回で終結とした。

4 母娘関係における「期待」と「あきらめ」

　次に，各期における母親とBさんの期待のあり方について，母子の発言を中心に検討する。

1) 各期における期待のあり方

(1) 第1期：親の期待に沿ってきたBさん

　期待のあり方としては，お互いに全く違う感覚を持ち，Bさんの期待することはことごとく母親から拒否・否定され，悩みがあって学校を休んでも，『何で行ってないの？』と言われ，伝わらなさを感じてきた。その中で，Bさんはできるだけ母親の期待に沿うように，母親に心配をかけないようにしようと思い，いじめのエピソードにおいても周りに助けを求めても誰も助けてくれず，自分一人で対応していくしかないと考えていた。また，『毎日毎日泣いてばかりで』という母親の発言に示されるように，涙を見せるのはよくないことであるという母親の期待に沿うように，Bさんは泣かないで，誰にも弱みを見せず我慢するという対処法を取ってきた。そうやって常に頑張って，母親を困らせたり，怒らせたりすることがないようにして，母親の期待する対応を身につけ，

「期待に沿おうとする自分」を形成してきたと考えられる。

　Bさんは，もともと母親のことが大好きであり，小さい頃母親の休みの日を楽しみにし，甘えたいという思いが強かった。しかし，それはなかなか受け入れてもらえず，母親に期待しても無理であると割り切り，一人で過ごす方が楽であると考えるようになる。このように母親とBさんの期待は，全くかみ合っておらず，これまでは，お互いに仕事や勉強に目を向けることで，少し距離をとり，関係を持たないことで，何とかバランスを保っていたのではと考えられる。しかし，Bさんの中では，どこかでもっと甘えたい，わかってほしいという子どもとしての期待が蓄積され膨らんでおり，そうした思いが支えとなっていた祖父の死や学校を休んだ時の母親の対応（親の期待）を契機にして，「どうしよう，どうしよう」という不安発作として，一気に表面に出てきたのではと考えられる。

　この時，母親にしてみると学校を休むことは全く想像できないことであり，Bさんの行動をどのように理解したらよいかわからず，混乱し2回ほど来談（初回，#5）している。学校を休んだことについては，母と娘ではかなりの認識のずれがあり，母親は全く理解できていなかったが，それでもなんとかわかろうとし，『こちらが疲れていると話をしない』などこれまでの関係をふり返り，Bさんのことをわかろうとする姿勢が感じられた。Thとしては，かみ合わないながらも，子どものことを何とかしたいという母親の思いを大切にし，その期待のあり方に注目していった。

　(2)　第2期：わかり合おうとする努力と傷つき

　Bさんは繰り返し小さい頃から母親に期待しては裏切られてきた悲しみや怒りを語り，できるだけ母親の言うように期待に沿うように生きてきたが，一方でその期待に沿えない自分がいることも感じるようになってきた。Thは，面接室において泣いてもいいんだよという非言語的なメッセージを伝え，また母親の一方的な発言にBさんが悲しんだり怒ったりするのはもっともなことだということを伝えていった。その結果，母親の発言（期待）が絶対に正しいわけではないし，その期待に沿えない自分も，決して駄目ではなく，そういう自分も認めてほしいという思い（子どもの期待）が次第に強くなり，「誰かにわか

ってほしいというのがあったのかもしれない」（#12）と語る。そしてそのことを母親に伝えてみようと，少しずつ母親に近づいていくことになる。

　しかし，もともと感覚が違う親子であり，近づきわかり合おうとすると，そこには激しい衝突やずれが生じ，お互い傷つくことになる。Ｂさんは，少し話をして，わかってもらえたかなと思っても『でもこういうことで，もう学校休んだりしないでね』（#12）と言われ，ズキンとくる。休みの日に母親と話し，Ｂさんは自分のペースで話そうと思うが，母親は向こうのペースで話してくるので，結局いらいらしてしまう（#15）。さらに，母親と二人で食事しながら，「小さい頃，相談したけど冷たくされたので，今でも話しにくい」と伝えると，『それなら父親にいっぱい相談したらいいのでは』と返され，プチンとくる。このように，Ｂさんは何とか近づきわかってもらおうとするが，そのたびに期待とは異なる反応が返ってきて傷ついていく。ただ，Ｂさんにとっては，小さい頃から母親の発言や態度に傷ついてきたことや，本当はこうしてほしかったという思い（子どもの期待）をはっきりと意識し，言葉にして母親に伝えられたのは非常に重要なことであった。周りからどうして元気になったかと問われ，それは「しんどいということを周りの人に言えたのがよかったのか」とＢさんも語っている。

　また，母親にとっても，理解しようと近づくが，結局Ｂさんとぶつかり，その中で小さい頃の母親の不在やそれによるさびしさ，母親が怖かったので相談しにくかったというのを聞かされ，『じゃ私はどうしたらいいの』と今までの関わり，期待のあり方がかなり揺さぶられる体験となる。

(3)　第３期：子どもの内省と期待のあきらめ

　第２期におけるぶつかりを通して，Ｂさんは母親とはわかり合えないということが，次第に明らかになり，またこれまでの体験についても少し距離をおいて，内省を深めていく。

　「あの頃つらかったな」と語り，さらに母親の期待や怒りは絶対であると思っていたが，「母親が間違っている」（#18）のではという意識も芽生えてくる。自分が悪いことをしていない時は，「八つ当たりしないで」（#19）と言えばよかったと，母親への対応も考えられるようになる。またＢさんは，相談する

「中身のつらさ」と，言ったのにそれを「受け止めてもらえない」という二重のつらさについて語り，その奥にある本当は母親に甘えたかった思いが内省される（#19）。学校でも，本当は暴力的な子と一緒になるのはいやであり，「先生，私もいややねん」と思ったが，言えなかった思いが言葉として表現される。

このようなBさんの内省の深まりに伴って，母親に対しても「前はわかってほしいが強かったが，今はいいやと思う」（#23）というように，これまで母親にわかってほしいと期待し，思いを伝えてきたが，母親と自分は別の人間であり，感覚も違いそこまで期待しても無理であるということが明らかになり，親への期待をあきらめていくプロセスが見られた。

この「あきらめ」の気持ちは，Bさん自身が「人よりすごく甘えたがりだと思う」という自分の期待のあり方が明らかになる中で生じてきたものであり，さらには母親の期待に応えてくれない対応についても，『あの頃は，子育てに必死だったので』という母親の発言を聞き，「仕事と家庭，母親のおかれている状況が今は見えてきた」というように，母親の期待のあり方も明らかになってきたことが関係している。つまり，Bさんの本当は甘えたかったという期待

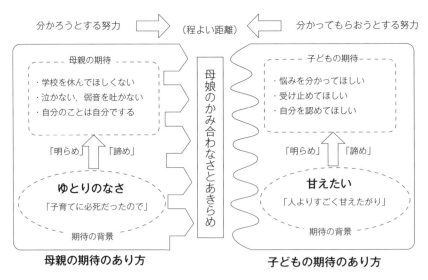

図5　母娘関係における期待のかみ合わなさとあきらめ（内田，2011b）

や，母親が仕事に追われ，子育ても必死であり，子どもに，他人に甘えることなく自分のことは自分でするようにと期待せざるを得なかった状況が「明らめ」られる（明らかになる）ことによって，Ｂさんのわかってほしいという期待も「諦め」ることが可能になったのである。そして，Ｂさんが母親に対して強く求めていた期待は，少し和らぎ，おそらく母親の期待のあり方も，今回のＢさんの不登校という出来事を通して少し変化し，それほど強く母親の期待を押し通そうとしなくなったのではと考えられる。つまり，母娘の間には，ほどよい「あきらめ」が生じ，お互いの違いを確かめ合うとともに，適度な距離を持って接することが可能になったと考えられる。

　このような親子の期待のあり方を，図式化して示した（図５）。母親と子どもは，かなり異なった感覚を持っており，かみ合わない部分が多く，Ｂさんの母親に対する期待は叶えられることがなかった。母親にわかってほしい，受け止めてほしい，認めてほしい，という期待はことごとく拒否され，Ｂさんは誰にも頼ることなく自分で頑張ってきた。しかし，心の奥にはやはり母親に甘えたい，受け止めてほしいという強い期待があることが明らかになっていった。一方，母親も子どもへの強い期待（学校は行ってほしい。泣いたり，弱音を吐いたりしないでほしい）があり，その背後には母親自身のゆとりのなさがあり，『あの頃は必死だった』というように，時間的にも，精神的にもゆとりのない中で生活していたことが語られる。このように，親子の期待のあり方やその背後にある思いが，“明らめ”られることで，ほどよい距離が取れるようになったのではと考えられる。

2）不安の取り扱いとＢさんの内省

　Ｂさんは，いくら期待してもわかってもらえない母親に対し，「受け止める，それだけでよかったのに，それはなかった，絶対に」（#24）と語っている。このように，Ｂさんの示した不安や怒りは，受け止めて，聴いてもらいたいというＢさんの期待が叶えられなかったことに対する激しい怒り・悲しみから生じたものであった。したがって，Ｔｈとしては，まずはＢさんの話に耳を傾け，泣きたいときは泣いたらいいし，腹が立つ時は怒ったらいいよという非

言語的メッセージを伝えていった。Ｂさんは少しずつ自分の思いを語り，その一方でこうやって話すのが相手の迷惑ではないかという思いも語られ，Ｔｈはそのことも取り上げていった（#19）。

　鈴木（2004）は，パニック障害の精神療法過程を報告し，その中で発表時の指定討論者にコメントとしてもらった「"そんな話は聞きたくないと私が思っているのではないか"という不安があるのではないか」という解釈をクライエントにすることが，Ｔｈに対する安心感を増すことになるのではないかと，指摘している。つまりパニック障害のクライエントにとって話をきいてもらうことは，相手に迷惑であり，負担になるのではという不安があると考えられる。本事例のＢさんにとって外傷体験による傷つきも大きいが，それを語ることの不安やそれを拒否されたときの傷つきはさらに大きくなるのではと考えられる。Ｂさんが，子どもの頃のいじめ体験を母親に語り，泣いてしまった時に，『毎日毎日，泣いてばかりで……』という母親の発言は，さらにＢさんを傷つけることになり，不安を増大させ，他者への不信感を高め，さらには人に甘えて頼ることを難しくしていったのではないかと考えられる。

　したがって，その体験を語るには，まずそれを話せるだけの安心感が必要であり，話すことはその外傷体験の再体験（侵入症状）となることもあり，Ｔｈとしては同じ傷つきを繰り返さないように，Ｂさんの体験に沿いながら，安心できる関係を築くことを重視した。

　これまで母親の期待に沿って，人前で泣くこともできなかったＢさんが，面接室ではたびたび涙を流し，また母親の理不尽な態度に怒りを顕わにする。そして，面接場面においても急に不安になり，胸が締め付けられるような「ドキドキ」した感じ（#4，#10）が出てくる。それに対しＴｈとしては，フォーカシングの技法を用い，その身体感覚に焦点を当てることを試みた。Ｂさんの訴えたドキドキは，次第に「丸くて黒い鉄の玉」のイメージとして，胸の辺りに鮮明になる。その感じにやさしく触れ，また一緒に過ごすことを促すと，初めの頃のような，迫ってくる感じや息苦しさはなくなる。最後にその置き場所を考えたとき，「トラックに乗せて持って行ってもらう」というイメージが出てきた。

　このように，Ｂさんの示した強烈な不安・恐怖に対しては，フォーカシング

における「間を置く」技法を用いて，少しその感じを置いておくようにしてもらった。この時大事なのは，不安の中身をあれこれ考えるのではなく，まずはその不安な感じに少し触れ，それをそっと脇に置いてもらうことである。この方法は，増井（1994），徳田（2009）によって示されるように，今圧倒されそうになっているその感じから少し距離を取り，少し斜めから眺めるようにしてみることである。ただ，圧倒的な不安に押しつぶされそうになっているBさんにとって，その不安に一人で対峙し，距離をとることはかなり困難であると思われ，そこにはThとの安心できる空間と関係において，具体的な方法を示すことで，初めて可能になることではないかと考えられる。そして，おそらくこのThとの不安の共有は，Bさんが小さい頃いじめを母親に訴え泣いた時に，『どうしたの？』とやさしく声をかけ，一緒に対処について考えていってほしかったというBさんの母親への期待と重なる体験だったのではないかと考えられる。

　Thとの関係において不安を共有し，その不安にうまく対処できるようになったことで，Bさんは，第2期に，母親とのぶつかりを通して，傷つきながらも自分の期待のあり方や母親の期待のあり方に目を向けることが可能となり，さらに内省が深まっていった。

　また，この内省の深まりには，Bさんが母親に期待してもなかなか得られなかった甘えの体験も関係していたと考えられる。つまり，Thとの関係において，繰り返し涙を見せたり，「人よりすごく甘えたがりだと思う」というBさんに，Thが〈そうか，甘えたがりなんだな〉とそれを認め，受け止めてやることが重要であった。Bさんは恥ずかしそうに笑い，その姿はまさにBさんが子どもの頃母親に期待していた，小さい子が甘えて喜んでいる体験そのものであった。

　このように，Bさんを圧倒するような不安をThと共有し抱えていくことや甘えの体験を満たしてやることによって，Bさんのドキドキする不安発作は減少し，自分が小さい頃から期待してきたことや，母親の期待のあり方などに目を向け，内省することが可能になったのである。

3）あきらめと母娘の成長

　Bさんの示した不安発作の背景として，母親との関係で，期待してもわかっ
てもらえない悲しさ・怒りについて取り上げ，その期待があきらめに至るプロ
セスについて考察した。つまり，子どもは不安を受け止め，共有してもらえる
ことで，心にゆとりが生まれた。その結果期待の背後にあった，期待を裏切ら
れた悲しさや怒り，本当はこうしてほしかったという甘えの願望が意識化され
ることで，母親への期待は明らめられていった。このような母親への切なる願
いである期待を語ることは，勇気のいる作業であり，思い切って伝えても，違
った反応が返ってきたときの傷つきは倍増され，ますます期待を口にするのを
難しくしていく。このような期待があること，またその期待を心のどこかで持
ち続けてきたことが，面接場面という第三者のいる場で安心して語られること
で，Bさん自身も改めて気づいていき，それにとらわれていたことが明らかに
なったのである。さらに，母親のおかれていた状況，つまり仕事で忙しく『子
育てに必死だった』と語られるような母親の余裕のなさが明らかになるととも
に，母親の期待のあり方への理解も深まる。そして，母は「自分とは全く違う
タイプ」であると理解し，「距離を縮めよう」とか「わかってもらおう」とい
う気持ちが低下し，母親に対する期待を「あきらめ」ていったのである。その
結果，「仕事と家庭，母のおかれていた状況が見えてきた」と語るように，母
親にすべてを理解し，受け入れてもらうのは無理であると悟るとともに，母親
を一人の女性・大人として見ることが可能になったのではと考えられる。

　Bさんの今後の課題として，青年期の異性との関係や，親の期待に沿うのを
やめた際の無気力の問題はまだ残されている。Bさんは第3期に無気力を訴え
ているが，それはこれまでの自分が，母親の期待に沿おうとして生きてきた
自分であり，ほどよい「あきらめ」の結果として「自分で自分がいやになり」，
「いつか本当の自分が」という思いが芽生えてきたのである。しかし，それは
そうたやすいことではなく，抑うつ的になりながら，時間をかけ少しずつ本当
の自分が見えてくるものではと考えられる。今後も異性との関係や本当の自分
を作っていくプロセスが続いていくと考えられるが，それは次の大学生という
環境の中で達成されればと願っている。

第**5**章

母娘関係の世代間伝達

1　母娘のパラレル・パターン

　不登校生徒の母親との面接において，子どもの示す行動や考え方に，母親自身の過去や現在の行動パターンと共通するところがあり，それを本事例では，パラレル・パターンとして取り上げる。

　家族療法において，親の行動パターンが，子どもの性格や行動に影響を及ぼすことが指摘され，世代間伝達の問題として取り上げられてきた。世代間伝達の問題は，カー（Kerr, M. E.）とボーエン（Bowen, M.）によって多世代における情緒機能の伝達の問題（Kerr & Bowen, 1988／藤縄・福山監訳 2001）として，また虐待や愛着の問題（斎藤，2005；坂口，2007；鵜飼，2017）として取り上げられることが多かった。

　本事例においては，パニック障害から不登校になった子どもの示す言動が，実は母親が小さいころに感じていたこととほとんど同じであることが明らかになり，そこには親子におけるパラレルな（平行した）パターンがあることが見出された。しかし，このパターンは母親にとっては，全く自然な無意識の行動であり，またそれが子どもにも繰り返されていることなど思いもよらないことであった。ここで述べるパターンとは，さまざまな出来事や人との相互作用に

103

よって形成されるものであり，対処パターンや対人パターンとして捉えられるものである。このような親子のパラレル・パターンが明らかになることで，家族内で世代を超えて繰り返されてきた相互作用のパターンを変えていく方法について検討する。

このパラレル・パターンとは，単に世代を超えて同じ相互作用のパターンが繰り返されるというだけではなく，家族においては必然的に親のパターンは子どもに受け継がれていくものであり，それは避けられない。その事実を前提とし，その上で敢えてその世代を超えて繰り返されるパターンに目を向けていくことが，臨床上有用であるということを提示する。特に，このパラレル・パターンは，同性の親子特に母娘関係において見られるものであり，本章の事例でも，母と娘の関係について検討した。

なお本事例は，筆者の経験をもとにし，複数の事例を練り合わせた架空の事例である。

2　Cさんの家族構成と主訴

クライエント：中学1年の女子生徒D子の母親Cさん

家族：母親（Cさん），長女（D子），長男（小3），母方祖母が近隣に住んでいる。

D子は小学校では，特に問題もなく児童会の役員をするなど，頑張っていた。中学に入学後も部活動など頑張っていたが，その部活動での人間関係のトラブルから「しんどく」なり，中1の冬休み前に過呼吸発作が出る。冬休み明けも部活動中に過呼吸発作が出て，周囲が驚き，そのことを気にしたD子は部活動に行けなくなり，学校を休むようになる。

そこで，担任の勧めもあり，母親のCさんがスクールカウンセラー（筆者）のところへ相談に来る。

3　Cさんとの面接過程

　全15回を3期に分けて報告する。第1期は，週1回のペースで会い，母親（以下Cさん）の思いが一気に語られた時期である。第2期は，年度が変わり，面接も月1回となり，母子の思考・行動の類似性が少しずつ語られる時期である。第3期は，パラレル・パターンに目が向けられ，さらにそのことを取り上げることにより，理解が深まっていく時期である。「…」はCさん，『…』はD子，〈…〉はカウンセラーの発言を示す。

1）第1期（#1〜#5）：D子の行動・性格

　Cさんは，今までの生活について「夫が消費者金融よりかなりの借金をしており，毎日激しい取り立ての電話が鳴り，家族が電話恐怖症になった。そこで私は離婚を決意した。離婚後はアパートで，母子3人で暮らすようになったが，家に帰ると取り立ての電話が鳴るので，放課後，子どもたちは近所の家に預かってもらって過ごしていた」と語る。苦労を背負ってきたが，その苦労に負けないでやろうと頑張っている様子であり，仕事から帰る途中の来談にも化粧気もなく，さばさばとした印象を受けた。

　D子について，「幼稚園の頃から何でもてきぱきとして，やや頑張りすぎのところがあった。また夜は遅くまで勉強をしており，『そこまでよくやれるな』と言うと『だって貧乏はいやだもん』とD子に言われた」と言う。

　別れた夫については，「D子が小6の頃一度話題に出たが『あんなバカ親父に会いたくないわ』と話した。以後父親の話題をD子が出すことはなく，家族でも話すことはなかった」と語る。

　一方，Cさんは我慢するところがあり，「私が一人で家計を支えるため，早朝から夜遅くまで仕事に出ているが生活は苦しく，買い物など我慢することが多い。D子と一緒に買い物に行って，“これ食べたいな，でもいいや”と私が通り過ぎようとすると，D子が引き返して，『お母さん，たまには我慢せずに食べな』と言って買うように勧める。ただ，年に一度は，家族で旅行するよう

にしている」とＣさんとしての思いが語られ，節約・我慢をしているこの家族が少しでも自分たちの楽しみのためにお金を使うことは貴重なことと考え，カウンセラーもその思いをコンプリメント（ほめること）する。将来のお金のことを気にしているＤ子に，「お金は貯めている」とＣさんが話すと，以後過呼吸はぴたりと止まる。過呼吸発作は，Ｃさん自身も「経験があり，Ｄ子が，『発作がいつくるかわかる』というが，自分もそうだった」と語る（#2）。

「離婚してもそのままだった姓を，小学４年の時，その姓のためにいやなあだ名をつけられ他の児童にからかわれることがあり，『母親の姓に変えたい』とＤ子が訴えた」と言う。Ｃさんは，「いずれは姓を変える必要もあるのではと考えており，ちょうど年度末で，クラス替えもあったので，翌年度より学校にお願いして姓を変えた」と言う。

また，「Ｄ子は夜寝付けない。『幽霊が見える，白い玉が飛び，その中に顔が浮かんでくる』と不安を訴える」と言う。Ｃさん自身も「５歳の頃に，天井に鬼の顔が見えることがあり，誰もいないのに“お姉さんが３人立っている”と話していた」というエピソードを語る。

Ｄ子は「休みの日は，祖母のところによく遊びに行き，『校区外に転居したい』」と訴えると言う。しかし，それは「今通っている弟の学校もあるので難しいと話すと，『それはわかっている』とあっさり納得した」とも語る（#5）。

2）第２期（＃６～＃10）：母子の思考・行動パターン

新学期になってもＤ子はなかなか学校には行けず，『自分はどうしたらいいの』といった混乱した手紙をＣさんはもらった。

Ｃさんは「以前Ｄ子から聞いた転居の話を思い出し，近くの借家に５月末に転居しようと考えている。この家は，夫の借金の取立てにおびえたイメージが残っているので，思い切って転居することにした」と言う。ただ「Ｄ子は，部活動について自分がやめるとどうなるだろうかということも心配で，なかなか決断ができないでいた」と言う（#7）。結局部活動は，Ｃさんが顧問の先生に電話で連絡し，退部することになった。この頃，学校は行ったり行かなかったりが続く。

D子について，Cさんから見ると，「こうでなくてはだめだと自分でイメージを作り，それから少しでも外れるとだめで，『うわーっ』と混乱し，周りが見えなくなる」と言う。また「人の顔色を見て接してきて，人といると疲れるようである」とも言う。進路の話で，勉強のことなど先，先を心配するD子に対してCさんも「中学は義務教育だからまだいいけど，高校は今みたいに休んだりはできないよ」とつい言ってしまう。そこで，カウンセラーより〈それは本人もわかっているのでは，あんまり先のことは言わない方がいいのでは〉と伝えると，「私が先，先と考えてしまうのですね」と自分の会話のパターンについて振り返る（#8）。

さらに，「D子は守るべきものはきちんと守り，係になると絶対にやってくれる，責任感がある」という話の後，Cさんも「仕事はきちんとやっているし，あれもこれもきちんとして，家に帰ったらくたくたになっている」という状況を語る。そこで〈D子も同じように学校できちんとやらなければと思い，あれもこれもやろうとして疲れ切っているのではないだろうか〉とカウンセラーより指摘した（#9）。カウンセラーとしては，このようなやり取りを通して，Cさんとd子の間に同じような思考・行動のパターンがあることを指摘することで，CさんはD子への理解を深めるとともに，これまでの"与えられたことはきちんとこなす"という家族の雰囲気（家族風土）についての理解を深めていった。

3）第3期（#11〜#15）：繰り返されるパターンの内省

D子は，『この地域から出たい』と訴え，『夢は高校を卒業して家を出ること』とCさんに話すそうである。Cさんは，「自分も小さい頃同じことを思っていた」と語る。さらに，Cさんは「実母とはいやな思い出ばかりで，実母はいつも酔って帰ってきて，父親とけんかして，朝の食事など作ってもらった記憶がなく，毎朝食べずに学校に行っていた。小学高学年の頃に，実母が突然家を出ていなくなり，父親に引き取られ，商売の手伝いをしていた女性（継母）が一緒に住むようになったが，その人を"お母さん"と呼んだことは一度もない。小学の頃，自分の姓も変わった。継母とは，喧嘩することもあったが，ど

こかお互いに気を遣うところがあった」と自らの小さい頃の話をする。Cさんは、「子どもたちに、継母（D子の祖母）が実母ではないことは伝えていない」と言う。カウンセラーより〈そうでしたか、お母さんも小学校で姓が変わったのですね、確かD子さんも小学5年の時に、変えたのですね〉と伝えると「そうなのです。あの子には私みたいな思いはさせたくないと思っていたのに、結局同じことをさせてしまって」としみじみと語る。

　また、Cさんにとっては「家族で一緒に食事したり、出かけたりという記憶は全くなく、また母親に甘えたという記憶もなく、家庭というのは全くわからず、家庭というと"サザエさん"のイメージしかない」と語る（#11）。それで、Cさんとしては「家庭の雰囲気を味わったことがないので、今は食事だけでも全員そろって食べるようにし、私が朝早く仕事に出る時でも、D子や弟も朝6時に起きて私が出かける前に家族そろって朝食を食べるようにしてきた」と言う（#12）。そして、D子が姓を変えたりして、自分と同じ苦労をしていることを思いやり、さらに自分と同じようなことを結局D子にも繰り返させてしまっていることに再び目を向け、しみじみと語る。

　D子は、学校は行ったり行けなかったりであったが、学校の職場体験では、産婦人科に行き、子どもの世話をさせてもらい、また学校の定期試験にも出席し受けることができた。

　この時期、CさんもだいぶD子のことを、ゆとりを持って見られるようになり「あの子も私と同じだと思う。やり出したら何でも一生懸命になって、疲れてしまう。わかっていたがやっぱりそうなんだな」と語り、「D子を見ていると自分も少し休んでいいのかなと思えるようになり、仕事を辞めて2、3カ月ゆっくりしようかなと思っている」と語る。

　カウンセラーより〈お互いにいろんなことを学んでいるのですね〉と伝えると、「母親になってまだ13年なので、まだまだ親としても未熟なので、これから育っていかないといけないなと思っている」と語った（#13）。

　D子は、『今まで学校で班長や係などをよくやってきたが、ちゃんとやろうとすると責任を感じるので、今はそんなのは面倒くさいし、やりたくない』と話し、学校は自分のペースでたまに休みながら登校を続け、修学旅行には参加すると話しているようだ。

第5章　母娘関係の世代間伝達

　また，D子の弟が食べて太りだしているのをCさんは気にかけていたが，弟より“これはストレス太りなんだ，家に一人でいてさびしくて，ついつい食べてしまう。でもお母さんにさびしいとか言うと困るだろうと思って言えなかった”と聞かされ，Cさんは「かなりショックを受け，落ち込んだ」と言う。しかし，カウンセラーは〈それがきちんと言えたのはよかったのでは〉と弟の発言を，D子の我慢することに対応させて，ポジティブにリフレイミング（認識の枠組みを変えること）する（#14）。

　最後に，Cさんは「大津波が来たこの一年だった。こっちが，頭がおかしくなるのではと思った。（子どもが）さみしいと言うと私が困るだろうと考えているのは感じていたが，見ないようにしていたところもあった」と語り，「これからはもう少しゆとりを持って生活していきたい」と語り，学期末であり，Cさん，D子ともに落ちついてきたということで面接は終結とした。

4　母娘関係における連鎖とその変容

1）母娘のパラレル・パターン

　本事例に見られたCさんとD子のパラレル・パターンについてまとめてみる。
　ここで述べるパターンとは，ある出来事や対人関係において，その個人がどのように対処していくかという対処のパターンであり，その相手が人の場合はそこに相互作用が生まれ，相互作用の連鎖が生じることになり，繰り返され対人対処パターンとなる。
　まず，幼少期の様子であるが，D子の父親は消費者金融より借金を重ね，そのことでCさんとももめるし，借金取りの電話にも悩まされ，近所に預けたりされたが，それにもめげずD子は頑張り屋でやってきた。一方，Cさんも幼少期は，いつもお酒に酔って帰ってくる母親の姿や，それによる夫婦喧嘩を目にして，家では食事を作ってもらうことはほとんどなかった。それでもお金をもらって自分で食事を買いに行き，すべて自分ひとりで学校の準備などして，頑張って学校にも通っていた。

109

このように，D子は父親との関係において，Cさんは実母との関係において，非常に厳しい家庭環境の中でも泣き言も言わず，我慢強く耐えていくという繰り返されるパターンが見られた。
　また，D子とCさんは，同じように小学校時に名前の姓が変わっている。Cさんの実母は，酒におぼれる毎日の中で，結局別に男性ができて突然家を出て行く。それを契機にCさんは姓を変えることになる。D子も両親は低学年の頃に離婚していたが，名前はそのままであり，小学4年になり本人から姓を変えたいという訴えがあり，変えてもらう。姓が変わるということは，子どもにとってかなり大きな出来事であり，複雑な思いであったと思われるが，そのことが奇しくも母と子で，同じ小学生の頃に起こっている。夫婦の離婚は，家族にとっては大きな危機であり，その危機に対してD子もCさんもともに自分の姓を変えるという対処パターンで，これまでの生活を切り替え，危機を乗り越えてきている。
　さらに，D子の不登校のきっかけになった過呼吸発作についても，実はCさんも若い頃過呼吸発作があり，D子の「いつ発作がくるかわかる」というのは，Cさんもそうだったのでわかるような気がする，と語る。D子がCさんの過呼

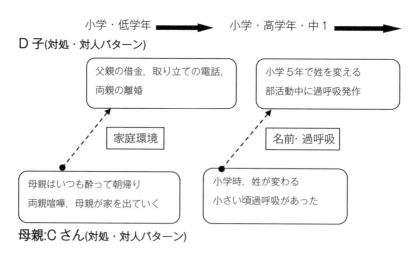

図1　D子と母親：Cさんの間に見られたパラレル・パターン（内田，2011a）

吸発作の体験を知っていたかはわからないが，同じような症状として表現されている。これは遺伝学的に親子で近い体質があるとも考えられるが，それだけではない，何か親子間で伝達されていく心の在り様として，身体的な表現で対処していくというパラレル・パターンがあるのではと考えられる。

霊的な感性の強さにおいても，D子は夜なかなか寝付けずに，幽霊を見ることもあったが，Cさんも小さい頃天井に鬼の顔が見えたり，誰もいないところで「お姉さんの姿」が見えたりしている。さらに，家に対してもD子は，早く高校を卒業して家を出るのが夢であると語り，Cさんも家では継母に気を遣い，早く家を出たいと願っていた。実際にCさんは若くして夫と出会って結婚し，家を出ている。

このようにD子とCさんの間には同じような行動や思考のパターンが見られ，あたかも親から子へ伝達されたようなパラレル・パターンともいえる。つまり，不安定な家族の中で，不安を抱えそれを誰にも相談することができないとき，何か霊的な感性でその不安を表現し，また家を離れるということでその苦しみから逃れようとする対処パターンをとっていたのではと考えられる。これをまとめると図1のようになる。

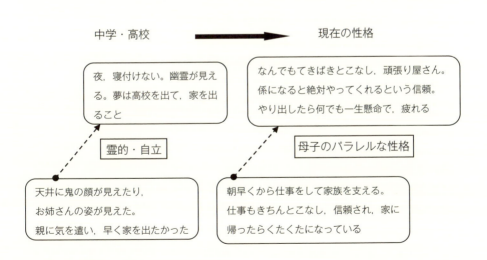

このようなパラレル・パターンは，Ｃさんにはまったく意識されてはいなかったが，面接においてＤ子の行動や気持ちを理解する際に，「そういえば私も～」という形で出てくることが多かった。そして，面接の後半では，これらのパターンを通して形成されてきたそれぞれの考えや性格にも同じようなパターンが見出せるようになった。Ｄ子は何でもてきぱきとこなし，頑張り屋で，係になると絶対にやってくれるという先生からの信頼があり，やりだしたら一生懸命で，その後疲れてしまう。一方Ｃさんも，朝早くから仕事をして家族を支え，仕事はきちんとするので上司からも信頼され，あれもこれもきちんとするが，家に帰ったらくたくたになっていた。このような状況に対し，カウンセラーからの〈そのお母さんの今の状況は，Ｄ子さんの学校での状況と似ているのでは〉という介入は，Ｃさんにとっては腑に落ちるようであり，「結局あの子も私と同じようなところで苦しんでいたのでは」と感じることができたようである。

2）パラレル・パターンへの介入

このようなパラレル・パターンの取り扱いについて，母親面接の視点から橋本（2000）は，「母親は子どもを媒介として，子どもが体験しているのとパラレルなものを喚起され，再体験する」と述べている。

まさに，本事例においても子どもの体験である過呼吸発作や幼少期の名前の変更，霊的な不安の体験などを通して，母親自身の幼少期の体験が喚起されている。このような母親の体験に対し，橋本は「治療者は象徴の二重の意味を保ち，語られているのは母のことか子のことかを構造化せず聴かなければならない」と述べ，さらに「治療者の想像力の中で『子どもの物語』と『母親の物語』をからませながら聴くことが大切ではないだろうか」と述べている。確かに母親自身子どものことを話しながら，その中に自身の未解決の問題を投影し，重ね合わせるように語ることがあり，その両方の思いをからませながら聴くことで母親自身の「内なる子ども」が癒やされ，母親の気づきが起こるということも考えられる。これはまさにボーエン理論における家族投影過程つまり，家族メンバーそれぞれの不安や葛藤が他のメンバーに投影され相互に影響をおよ

ぼし合うプロセス（Kerr & Bowen, 1988／藤縄・福山監訳 2001）であり，本事例においては，単に母親の気づきを促すだけでなく，システム論的にそのパターンを取り上げ，そこに介入していった。

　子どもの姓が変わったことや過呼吸発作があることなどの繰り返されるパターンについて，〈お母さんもそうだったのですね，それは何か不思議な一致ですね〉とあくまでも自然なことであり，有り得ることであるとして取り上げていった。これは筆者の素朴な実感であり，これまでも多くの家族との面接をする中で，子どもの示す行動や思考には必然的に親の持つ行動や思考と重なり，パラレルなものが見出されることが多かった。

　さらにそのパラレル・パターンを筆者はできるだけ肯定的に受け止めていった。つまり，母親がそのように考え，ふるまうのも，それと同じようにD子が考え，感じるのも当然のことであり，〈やはり親子なのですね〉とそのことを肯定的なものとして認めていったのである。これは，子どもは親の育てるようになるのではなく"親のように育つのである"という，親子の独特の雰囲気，関係性の中で形成されてくる抗うことのできない現実ではないかと考えられる。筆者は，親子の抗うことのできない遺伝子レベルから対処パターンまでの類似性，共通性をカウンセラーと母親が慈しみのまなざしで眺められるとき，新たな視点が開かれ，母娘の錯綜した関係性に変化が生じるのではないかと考えている。

　面接後半で，頑張り屋だが，一生懸命やりすぎて疲れてしまうというD子に対し，母親も一家のために仕事をきちんとこなし，職場で信頼を得ているが，あれもこれもきちんとしようとして，家に帰ったら，くたくたになってしまうというパターンであることに対し，まずはCさんが女手一つで一家を守ってきたことをコンプリメントした。さらにカウンセラーの〈お母さんの今の状況は，D子さんの今の状況と似ているのでは〉という介入により，Cさんはそのパターンに目を向け，認識するとともに，「結局あの子も私と同じところで苦しんでいたのでは」とD子への理解が深まる。つまり，自分の幼少期とは関係なしに，子育てを頑張ってきたつもりのCさんであったが，結局自分と同じような思考・対処パターンを子どもがもっているということが認識できたのである。その結果，D子を責めて，何とか変えていこうとしてきた母子の相互作用に変

化が生じ，これまで何を考えているかよく分らなかったD子に対し，結局自分と同じようなところでつまずき，苦しんでいたのではということに気づくことで，少しゆとりを持って，やさしく見てやれるようになったのである。

　また，このようなCさんとD子の相互作用の変化は，弟にも影響していく。食べすぎで太ってきた弟が"家に一人でいてさびしくて，ついつい食べてしまう"と語ったことに対し，Cさんはかなりショックを受けていた。しかし，これはこれまで"我慢して自分の思いは表現しない"というこの家の暗黙のルール・パターンが大きく変わった出来事である。カウンセラーはこれを肯定的にリフレイミングしたことで，この家族に繰り返されてきたパターンが少しずつ変化していくことになったのである。

　このようにD子との関係や弟との関係において，Cさんのパターンが少し変化する。つまりパラレルにあった親子のパターンの一方が変化することで，必然的に相互に影響を及ぼすことになる。パラレル・パターンが少しずつ変化したことで，Cさん自身，家族を守るため，幸せになるためにすべてを我慢し，頑張ってきたパターンが少し緩み，最後には，Cさん自身が逆にD子から学び，「仕事を辞めて，2，3カ月ゆっくりしようかなと思っている」と語る。これは，子どもからの影響で親子のパラレル・パターンが少しずつ変化することで，Cさん自身の幼少期から培ってきたパターンが変容していったのではないかと考えられる。このようなパラレル・パターンに目を向けることで，親が子どもを育て，教えるだけではなく，親自身が子どもから教えられ，変容する（成長する）ということが起こりうるのである。

5　家族における世代間伝達

　世代間伝達の問題については，家族療法家であるカーとボーエンによって，「複世代の情動過程」として取り上げられ「家族の成員の機能をそれぞれ査定したデータを含む複世代の家族図を全体的に検討すると，個人の機能レベルの顕著な差異は，複世代をかけて発達する機能の偏りに関連していることが考えられる」と述べている。また，世代間の伝達の問題に関しては，愛着理論の

立場から，渡辺（2016）や数井他（2000）の研究がある。渡辺は世代間伝達の精神病理について，愛着パターンの視点から検討し，この世代間伝達の鎖を断つために２つのアプローチをあげている。それは，「親―乳幼児精神療法」と「内省的自己を育むための援助」である。前者においては，親と乳幼児同席の場面で，繰り返される歪んだ関係を健全なものに導くような直接的介入を行っていくものである。後者においては，逆境を乗り越えて健全に子育てのできる母親は，自己のありのままの実態をしみじみと振り返ることができ，その姿勢を「内省的自己」と呼び，この内省的自己を持つことが世代間伝達を断ち切る可能性があることを示唆している。

　本事例においては，「内省的自己を育むための援助」を基本とし，母親面接において，母子でのパラレル・パターンに目を向けていった。つまり，日常で繰り返されるパラレル・パターンを取り上げ，子どもの気になる行動を，母親とパラレルに繰り返されているパターンの視点から内省を深めるとともに，それとは違った行動を見つけて強化する介入を行った。たとえば，いつも我慢して，買い物でも食べたいものをあきらめていたＣさんが，Ｄ子の『お母さん，買ったら』という勧めで思い切って買ったというエピソードをコンプリメントし，これまでとは違ったＣさんのパターンを強化していった。また，小学生の時に，Ｄ子も姓を変えたが，同じようにＣさんも小学時に姓が変わっており，子どもにはさせたくなかったという思いがあったが，結局同じことをさせてしまったとＣさんがしみじみと語ることにより，「内省的自己」が形成されていったのである。

　これは，ボーエン理論において「健全に個体化を成し遂げている個人は感情的に自分の生まれ育った家族に巻き込まれることなく，合理的な判断とよく統制された感情表出とで家族との適切な関係を維持することができる」（中村，2003）という自己分化の問題とも関連していると考えられる。つまり，自己分化のレベルが低く，原家族の情動過程に巻き込まれていた母親が，パラレル・パターンに目を向けることで，原家族との関係性を見直し，より高いレベルの自己分化へと変容していったのである。ボーエンは，治療の最終目標として「それぞれの家族員が自己分化を高めること」を挙げているが，本事例においても母親の自己分化が高まることで，「家族の一人が分化のわずかに高い

レベルで機能できると，その人は自分自身の慢性不安レベルだけでなく家族の慢性不安レベルも下げることになる」（Kerr & Bowen, 1988／藤縄・福山監訳 2001）というような現象が起こっていたと考えられる。

ただ，ボーエン理論では，複世代伝承過程を家族投影過程として捉え，主に情動過程の伝達に重きをおいているが，本論では具体的な行動である親子の対処パターンに注目し，複世代の伝達過程を捉えた。つまり，親の原家族と現在の家族のパラレル・パターンを取り上げることで，母親自身の自己分化のレベルをわずかでも高いレベルに移行させることで，家族システム全体を変容させようと試みたものである。

母親（Cさん）との面接においても，日常で繰り返されているパターンに注目し，世代を超えて繰り返されるパラレル・パターンを，ありのままに見つめることで気づきを促し，さらにそのパターンに例外的に起こる変化（買い物や弟の発言など）をコンプリメントすることで，ネガティブな世代間伝達を少しでも食い止めることが可能になったと考えられる。

6　家族風土とパラレル・パターン

本事例では，なんでも我慢して，与えられたことを一生懸命こなしていくが，家に帰ると疲れ果ててストレスが溜まってしまうというパターンが世代を超えて受け継がれていた。このようなパラレル・パターンがいくつか組み合わされて，その家全体の雰囲気を醸し出しており，これを筆者は「家族風土」（内田・村山, 1992）と呼んでいる。家族風土とは，「その家族に独特の雰囲気」であり，それは「家風・伝統と呼ばれたり，我が家のしきたり，親族のしがらみ，因縁，また先祖の風習，いわれといったものが，複雑に折り重なって醸し出されるもの」と定義しており，これは家族メンバーが実感として感じる雰囲気であり，外からではわかりにくいものであり，その意味では，外からでも理解ができる「家族文化」ともやや異なるものと考えている。つまり，それは親の幼少期の頃から作り出されてきた対処パターンであり，それが結婚という形で新たな家族を作った時にも，夫婦がそれぞれの原家族において身につけてき

たパターンを重ね合わせ，醸し出していく雰囲気である。

　このようなパターンについては，中村（1997）は家庭内暴力の事例を参考に「母親の『我慢』という，家族の誰にも共有されない自己犠牲的な行動パターンの由来を，合同面接の場で母親の原家族などに遡り洞察することで，母子の閉鎖的な二者関係を打破する」ことを取り上げている。本論では，母親と，子どもの持つ思考・行動パターンとの「類似性」に着目し，それをパラレル・パターンとして定義し，世代を超えて伝達されるパターンとして理解することで，親自身の原家族との関係性を内省的に振り返ることができた。また，ここで言う「パラレル」とは，「同時進行的な」という時間の流れの意味合いも含んでおり，それは親と子の間で時間・世代のずれはあるが，親が歩んできた人生とある程度重なるような人生を子どもも歩んでいくという意味もある。もっともこれは，親と子のすべての人生が重なるというわけではなく，対人関係や不安定な状況となるような「今，ここ」において，類似した対処パターンが母子の連動した体験として同時進行的に内省されるというパラレルな側面であり，面接における母親の家族理解のための一つの視点となる。

第**6**章

母娘関係を上手に生きるために

　本章では，第３～５章で取り上げた事例をもとに，娘の視点，母親の視点，そして父親の視点からの考察を行っていく。そして，心の重ね合わせによる母娘関係の発達論を述べるとともに，第三者のもつ役割・機能についても検討していく。

　なお，これまでの事例の考察で述べてきたことを整理する形で論考をすすめるので，一部繰り返しになっていることをご了解いただきたい。

1　娘の視点から

1）一人で抱える生きづらさ

　母娘関係において，まず聞こえてくるのは，娘の苦悩である。第１章で示したように，新聞への投稿や心理面接においては，娘が母親との関係に悩み，苦悩する様子が，痛いほど伝わってくる。しかもその娘の苦悩は，10代20代の娘に限らず，40代50代の娘においても，70歳を超えた母親との関係は，今現在の苦悩や葛藤として語られることが多い。その苦悩は周りから見てそれは大変だ，

118

問題だなとはっきり見えるものではないだけに，なおさら何が苦しく，何で悩んでいるかが伝わりにくいところもある。

　第3章におけるＡさんも，ほとんど虐待といえるような状況の母親との関係の中で生きていた。Ａさんにとって，母親の考えは絶対であり，その考え，期待に沿って生きてきた。「家族風土」として示したような家族の雰囲気は，その家で育った子どもにとっては，ごく自然であり，そこで感じられる独特の雰囲気は，違和感を持つことなく受け止められてきたものである。しかし，Ａさんの家独特の雰囲気，感覚は社会においてはそのまま通用するものではなく，それが高校の時の体験により，あっけなく崩れ去った。自分の拠り所を失ったＡさんにとって，その後の生活は，苦悩の連続であり，つらい人生だった。何とか理解して助けてほしいと願った父親は，母親の現状を絶対に認めようとせず，「ただ我慢したらいい」と言うだけで，Ａさんにとってはひたすら忍耐の毎日であった。誰にも話すことなく，苦しい日々をただひたすら一人で耐えて生きていくのは，耐えがたいつらさがあったのではと思われる。

　このように，家族のことを誰にも話せないという状況は，多くの子どもにとって起こりうることである。また，それは家の恥である，親を否定することになる，自分がおかしいと思われるのではないか，そのような不思議な話はとても信じてもらえないのではないか，といった思いによって，子どもは一人で抱え込んでしまうことになる。子どもにとって家族は絶対的な存在であり，空気のようなものである。その空気を対象化し意識化することは難しいがこの空気がうすくなったり，通常とは異なる成分が含まれていると息苦しくなったり，身体を動かすとしんどくなったりすることがある。つまり，この家族の独特の雰囲気は息苦しくなって初めて意識されるものであり，その息苦しさが強ければ強いほど，家族は多くの不純物（葛藤）を含んでいるのである。Ａさんは，少しでも母親から離れようと，家を出て一人で生活するようになる。一人暮らしでのさびしさを紛らわそうと，男性とお付き合いし，誰かに愛されたい，やさしく接してほしいという欲求を満たそうとするが，長続きすることはなく，かえって傷つく体験ばかりであった。そして，結婚してからは，夫が暴力をふるうところがあり，Ａさんが求めたやさしさ，温かさは得ることができなかった。

そのような中，Aさんを最も苦しめたのは，一人になる不安，恐怖であった。小さい頃から，安心できる大人（多くの人にとっては親）との親密で安定した愛着関係を十分に体験することができなかったAさんは，対人関係における機能不全を引き起こし，成人し母親になっても，どうしようもない衝動的な不安・恐怖に襲われる生きづらさが続いていた。幸せな家庭を作りたいと願っていても，現実は思うようにならない。頭では夕方には家族皆が帰ってくるし，家族が自分を見放しているわけではないとわかっていても，いざ皆がいなくなると，身体はそれに反応し，不安と孤独に襲われ，いたたまれない状況になる。すぐに誰かを呼び戻したくなり，また誰かに構ってほしい，迎えに来てほしいと願い，夜中に家を飛び出してふらつく。この衝動を，どうしても抑えることができず，それでますます夫や子どもからは，非難され疎まれていく，といった悪循環に陥っていた。

　第4章の高校生Bさんも，母親との関係で，生きづらさを感じていた。両親共働きで，小さいときより保育所に通い，小学校では学童保育に通うが，家では一人で過ごすことが多かった。母親は仕事に追われており，母親に甘えたり，相談したりすることなく育ってきた。そして，何に対してかはわからないが，"どうしよう，どうしよう"と急に不安になり，その時は必ず心拍数が上がっていた。もしこのままだったらどうしようと怖くなり，ギュッと心臓を握られているような感じに，襲われるようになる。

　Bさんは，小学1年の時，ピアノの練習で『もっと練習しなさい，したの？』と聞かれ，「してない」と答えると，母親に顔をぱちんと叩かれたというエピソードを語った。「何で叩かれたのだろう」と全く理解できず，また理由の説明や納得できる話もなく，でも怖くて聞けなかったという。さらに，小さいころより，怒られて，自分が悪いのかなと思うようになっていく。本当はすごくいやなときでもいやと言えなかったというように，訳がわからないまま，つらさを一人で抱え込んで生きてこざるを得なかったのである。

　母娘関係においては，この訳もなく怒られる，叩かれるといった「理不尽さ」があり，それは娘にとっては大きな感情のうねりとなり，心の中で渦巻いていく。それを「いやだ」と拒否したり，「どうして」と尋ねたりすることは，とても勇気がいることでできる状況ではなく，言っても無駄であるというのも

第6章　母娘関係を上手に生きるために

わかっているので，その生きづらさを一人で抱えていくしかなかったのである。

「いやであれば，そう伝えて断ればいいのでは」と周りからは言われるかもしれないが，母親に目に見えない圧迫感と何ものをも受け付けようとしない頑強とした態度を見せられて，いやだと思っても言葉にして伝えられる空気ではないということは十分にわかっており，抗いようのない状況におかれているのである。しかも，それを周りの人に伝えてわかってもらうのは，ほぼ不可能であり，一人で悩み苦しみ，無力感に苛まれ，孤立感を深めるのである。

また，Bさんは学校に行っていなかったとき，『何で行ってないの？』と母親に言われ，「そういうことではなく，悩んでいるから行けないのに」と思ったが，言っても伝わらないし，言っても違うことを返されるとつらいと思い，それ以上言えなくなっていた。そして，だんだんと悩みがあっても自分の中に溜め込んでしまうようになる。この「言っても伝わらないし」というのも，多くの母娘関係に見られる娘の実感であり，どうしようもなく埋めがたい認識のズレ・溝がある。それをBさんは，「母親と，自分とは"もと"が違う」と表現している。この"もと"が違うという表現は，お互いの決定的な感覚の違いを強調したものであるが，背後にはもう少しお互いの世界を共有し，わかってほしいという切なる願望が隠されていると，筆者は感じる。

Bさんは，その不安を，少しでもわかってもらおうと母親に訴えるが，その時母親に『私が（家に）いないのがそんなに悪いのか，それなら仕事を辞めたらいいのか』と興奮して言われ，そこでも耐えがたいズレを感じる。自分の母親に与える影響が大きかったのだなと思い，ますます母親には話ができなくなり，一人で生きづらさを抱えて悶々とすることになる。しかし，Bさんは，「このままいったらしんどい」と自分のおかれている生きづらさを感じ取り，面接の場で，言葉にして語ることができる強さも持っていた。

第5章のD子の生きづらさは，ズレというよりも，過度な気遣い，親の期待に応える過剰な適応によるものが大きかった。校区外に転居したいという希望も，弟の転校を考えて，難しいとわかっていると我慢する。部活動もやめたいが，周りの子に迷惑がかかるのではと躊躇する，というように自分よりも周りを優先し，さらに母親を困らせないようにしようという気遣いが常に働いていた。それはCさんとD子と一緒に買い物に行った時，「これ食べたいな，で

もいいや」とCさんがつぶやいて通り過ぎようとすると，D子が引き返して，「お母さん，たまには我慢せずに食べな」と買うように勧めた，というエピソードに象徴的に示されている。つまり，Cさんのいつも我慢するという態度を十分に感じ取りながら，もう一方のCさんが我慢せずたまには美味しい物も食べたいという気持ちも，D子は十分に感じ取り，先取りして言葉にして代弁しているのである。これはこれまでにも触れてきた母娘の距離の近さである。母親の気持ちと娘の気持ちが，ほぼ一体化し非常に近いところにあり，気を遣うというレベルを超え，母親の気持ちが娘の気持ちと融合し，シンクロするように入ってくるので，全くの違和感なく，母の思いが娘の気持ちとして表現されるのである。

　さらに，D子は守るべきものはきちんと守り，係になると絶対にやる，責任感が強いところがあった。これは周りの期待，特に母親の期待を敏感に感じ取り，それにきちんと応えるため，やるべきことをきちんとやるというスタイルが身についているのである。このように母娘の心の距離が近く，シンクロしやすい点や，母親の期待を敏感に感じ取り，それに的確に応えていこうとする姿は，健気ではあるが，D子個人の思いとは微妙にずれるところがある。D子はどこか自分の人生を生きていない，というような不全感，生きづらさを感じているのではと思われる。それはほとんど意識されることなく形作られるので，娘にすると，全く訳がわからない状況で，何だか生きづらさを感じ，またその思いが繰り返されていくことになる。

２）母娘関係の抜け出せなさ

　母娘関係における，生きづらさについて見てきた。娘も母親もその関係に苦しみ，悩んでいるのであれば，お互いにそこから距離を取り，離れたり，抜け出したりすることはできないのか，という疑問が湧く。それはもっともであり，そうすることで，娘（子ども）が幸せになれるのであれば，何の問題もないのだが，そう簡単に抜け出せるようなものではないのである。

　Aさんは，母親との安定した愛着関係を持てないままに成長し，その分，誰かに依存し，構ってほしい，見ていてほしい，さらには抱っこしてほしい，手

第6章　母娘関係を上手に生きるために

をずっと握っていてほしい，という果てしない願望が心の奥底にあり，多くの行動化を生み出していた。その結果，周りから叱責されたり，非難されたりし，Ａさんが本当に求めていたものは結局得られないという悪循環が続いていた。さらに，Ａさんは，一人になる不安・恐怖を和らげるには，誰かにそばにいてほしいと感じ，夫や子どもにそれを求めるが，毎回期待したように対応してくれるわけではなく，そのさびしさを癒やそうと，夜外に出て，見知らぬ人や交番で一人取り残される恐怖を訴えるが，結局は家族に連絡が行き，夫に怒られながら連れ返される。Ａさんは，子どもの頃，そして成人してからも，この生きづらさから抜け出そうともがき苦しんできたが，もがけばもがくほど糸が絡まるように悪循環に陥り，ますます抜け出せなくなっていた。

　Ａさんが，今までこの関係性から抜け出せなかった一つのポイントは，高校の頃，最初に父親に母親のことを訴えた時に「我慢しなさい」と言われ，全く相手にされず，絶望的になり，誰にも言わずに一人で抱えるようになったことである。母娘関係における窮屈感やどうしようもない生きづらさを感じたとき，それを誰に話し，その時どのような反応が返ってくるかが，このような状況に陥った子どもにとって，重要な意味を持つ。その対応が，子どもの外界とのつながり，対人関係における信頼感を形成する基盤となるのである。娘は母子関係で窮屈な息苦しさを感じる中で，生きるか死ぬかのギリギリのところで誰かが救いの手を差し伸べてくれることを願い，ＳＯＳを発信する。しかし，それは周りからは見えにくい関係であり，ＳＯＳを受けた方もどうしたらよいか見当もつかない状況であり，ほとんど応答できなかったり，場合によっては，気にし過ぎだ，我慢するしかない，たいしたことではない，やり過ごすしかないのだと言ったりする。そんな周りの反応に娘は，ここまで苦しくなって，思い切って伝えても全く伝わらず何の反応も返ってこないことで「どうしようもないんだ」，「無駄なんだ」という無力感を深めることになり，この状況から抜けて，変容しようとする意欲を失っていくのである。

　Ａさんは，誰かに関心を向けてほしくて，ウソをついてきたことや，昔母親が２階に上がってくるのが，怖くて怖くて仕方なかったことなど，これまでの苦悩や生きづらさを，誰にも話すことなく一人で抱え込んできた。一人で抱え込むことで，Ａさんは，自分が我慢すればいい，自分が悪いのだと，自分自身

123

を追い詰めることになり，生きづらさを増幅させ，無力感を感じ，自己破壊的な行動化を起こし，ますますその状況から抜け出せなくなっていたのである。

　Bさんも，同じように，人に相談がしにくく，自分のことを言うのは苦手であった。溜め込んでいる最中は言わないで，これ以上無理となると一気に爆発するように話す。しかし，母親は喜怒哀楽が激しく，Bさんの話をしっかりと聞いてくれることは少なく，怒るときはむちゃくちゃ怖いので，話をすることすら難しかった。母親がどこかに出かけて帰って来た時，機嫌が悪いのではとドキドキし，母親の機嫌を常に気にしながら生活してきたのである。友だちに言ってもわかってもらえるかわからないし，先生は全然ダメ。母親自身には話せないし，話そうとも思わなかったということで，結局Bさんも，自分の話を聞いて，正面から受け止めてくれる人が周りに誰もいないという状況で一人で抱え込んでしまう。ただ，Bさんにとって父親は，まだ話しやすいところがあり，唯一話せる存在であったのかもしれなかった。父親との関係や距離，実際の会話などは，面接ではあまり語られなかったが，母親とはまた異なった立場で，理解をしてくれていたのかもしれない。

　Bさんにとって父親ともう少し接する時間があり，話をすることができれば，この母娘関係はもう少しちがった状況になっていたのかもしれない。

　しかし，それを母に言うと，『それなら父親にいっぱい相談したらいいのでは』と言われ，「プチンときた」と語るように，母親にうまく伝わらず，かえって傷つくことで，父親とも話しにくくなってしまったのである。それでもBさんは，母親に理解してもらおうと，思いをぶつけたりするが，母親は，その思いを受け止めるのではなく，Bさんが悪くてそうなったといつも言っていた。Bさんは「思い出すと腹が立つ」とその時の感情を蘇らせて語り，「受け止める，それだけでよかったのに，それはなかった，絶対に」と訴える。

　この「ただ受け止めるだけでよかったのに」という言葉は，多くの娘たちが，母親に切に願うところである。そのことが，この関係から少し距離をとり，抜け出すきっかけになるのである。しかし，その「ただ受け止める」ということがなかなかできないのが，母娘関係の難しさであり，母親は娘の訴えに対して，母親なりの理解にもとづいた受け止めと反応を示すのである。

　ある時，Bさんが母親への不満をぶつけると母親が泣きだし，「私が泣かし

第6章　母娘関係を上手に生きるために

たなと思う」と語った。このように，受け止めてもらうというより，自分の行
為に対する罪悪感がかき立てられ，悪いことをしたな，これ以上言ってはいけ
ないのだな，と感じてしまい，さらに深いレベルで，母親に気持ちを伝えられ
なくなり，母と娘の関係がお互いにコミュニケーションがとれない閉塞したも
のになっていくのである。

　それは「母親が仕事をしていたので，甘えたいと思ってもそれを言ってはい
けないことかなと思っていた」という発言にも示されている。「人よりすごく
甘えたがりだと思うし，でもそういうことができなくて」と語るように，言っ
てはいけない体験が重なることで，だんだんとそのような発言や甘えた態度
自体が素直に表現できなくなる。そのような感情があることすらも見えなくな
り，感情がないような状態になっていくのである。自分の感情が見えなくなる
と，自分が今どこに居て，何に困っているのかさえわからなくなる。霧の中を
さまようように，行っても行っても先の見えない世界を進むようで，そこから
抜け出すのは，ほとんど不可能になるのである。

　母娘関係において，母親が娘のことがわからない，何を思っているのかつかみ
どころがないと感じるようになっていくのは，このような母娘の体験の重な
りの上に形成されてきたものである。娘自身にも見えなくなった感情や思いは，
なかなか外に出すことは難しいのだが，Bさんはカウンセラーという第三者の
存在から〈甘えたがりなんだな〉と返されることで，初めてその感情を認識し，
恥ずかしそうに笑いながら，抜け出すきっかけをつかんでいったのである。

　D子も，弟のために転校したいという思いを我慢したり，母親が食べたいと
思う物を買うのを我慢して通り過ぎるのを見て買うように勧めたりして，母親
を気遣い，自分の思いを抑えて生きてきたと考えられる。そこには，この家族
が背負ってきた歴史が関係していると思われる。両親が金銭的な問題で離婚に
至り，Cさんとd子，弟の3人で暮らしてきたという背景がある。父親につい
ては，小6の頃家族で一度話題に出たことがあるが「あんなバカ親父に会いた
くないわ」とD子は話し，以後父親の話題をD子が出すことはなく，家族でも
話すことはなかったという。第三者的な立場から母と娘の関係を理解し，娘の
話を聞いてやるという父親が，存在していなかったことは大きい。D子にとっ
て，苦しい状況を少し離れたところから，客観的に眺められる存在（父親）が

125

全くいなかったので，D子は現状を理解することも，抜け出すこともできなくなったのである。たとえ，離婚していても，母娘関係を考える上では，父親の役割・存在は非常に重要である。母娘関係に介入するわけではないが，その状況を理解し，そこに第三者として居ることは，錯綜しやすい母娘関係において，何らかの影響を及ぼす。そしてその第三者は，父親でなくて，近くにいる祖父母や親戚のおばさんでもいいのである。

　このような生きづらさから抜け出すには，これまで微かに気づいてきた母親との関係における息苦しさ，理不尽さを，思い切って誰かに伝える時が最も重要な局面である。話す相手としては，父親が多い。しかし多くの父親は，娘の苦しい思いを聞いても，「たいしたことではない」と否定したり，娘の話を聞けるだけの精神的，時間的な余裕を持っておらず父親が心理的不在となっている。娘は思い切って伝えた思いを，正面から受け止めてもらえなかったり，逆に否定されたり，非難されたりすると，少し膨らみかけた母親への違和感が容易にしぼんでしまい，二度と表に出てこず，表現されなくなる。娘はその後，一人蒼黒の深海で，誰にも気づかれずにその思いを抱えて，漂いながら生きていく感覚になる。

　娘が苦悩から抜け出すためのきっかけとして，父親に必要なのは，父親としての威厳や強いリーダーシップではない。父親自身がどうしようもない状況でも，その状況をしっかりと受け止めた上で，素直に娘の話に耳を傾け，思いをただ聞いて，受け止めてやるだけで十分なのである。

　しかし，この母娘関係さらに父親の関わりは，単に娘が言えないから悪いのだ，母親が理不尽だからいけないのだ，さらには父親がきちんと受け止めてやらないからダメなのだというような，単純な問題ではない。家族が持つある種の宿命とも言える課題であり，第4節で心の重ね合わせという視点から再度検討していく。

第6章　母娘関係を上手に生きるために

2　母親の視点から

1）衝動性と困惑・たじろぎ

　娘の生きづらさと，その関係から抜け出せない状況について述べた。他方，そのような状況を，母親はどのように受け止めているのか。母親は，自分の娘が自分に理解してもらえていない，何か自分との関係で悩んでいるようだ，ということは頭では十分にわかっていると思われる。しかし母親は，自分では娘を苦しめよう，悲しませようとするつもりは全くないのに，結果としてそうなっているのである。つまり，何かが起こっているが，それをどうやって止めたらいいか，どうやって変えたらいいかは全く見当がつかない状況なのである。

　母親としてのＡさんは，何度も一人になると絶望的な不安に陥り，どうしようもない思いを語る。今ではほとんどなくなった虚言癖や，切ることの痛みで心の苦しみを和らげることができたので続けていた自傷行為についても語る。これはＡさん自身の，「生まれてから母が敵だった。母は，自分が一番大事であり，周りの人には冷たい。よく叩かれたし，タバコも当てられた」という愛着関係における大きな傷つき，機能不全が関係していると思われる。

　夫はそれでも何とかＡさんを支え，わかろうとしてくれていた。Ａさんも，周りの人がサポートしてくれていることは，頭ではわかっているが，いざ一人になると耐えられない恐怖が起こり，さらにカチンとくるようなことを言われると一気に怒りが爆発し，歯止めがきかなくなる。夫や子どもたちへの暴言等も出る。

　自分でわかっているなら，止められるはずだというのは，人間の心をロボットやコンピューターの情報処理のように捉えた安易な発想である。人間の心はもっと複雑で，理性と感情とがぶつかり合う重層的な厚みを持っている。

　それでもＡさんは，今のままではだめだと思い，学生時代「普通の感覚を持った人になりたい」と都会で一人暮らしを始め，できるだけ一人で耐えようとする。しかし，4年間の学生生活は，悲惨でめちゃくちゃであった。どうしても安定した生活を送ることができなかった。そして，結婚してからの20年も，

127

何かあると物にあたっていた。そして，ついには子どもにあたるようになり，「私も心の中にカミソリをいっぱい持っている」と抑えがたい攻撃性・衝動性があることを，少しずつ言葉にしていく。このように，自分の衝動的な爆発を抑えることができずに苦しんでいたが，その中でも，自分を変えたい，今の自分を何とかしたいという意識は少しずつ高まっていった。これは，多くの親が感じるところでもあり，子どもとぶつかるたびに，これではよくないのではと後悔するが，それでも同じことが繰り返されるのである。

　Aさんは，母親との特異な関係の中で，母親にわかってもらえない，構ってもらえないという思い，どうしようもない自分の衝動性を抑えられないことを語りつつも，家で暴れて長女に「この悪魔」と言ってしまう。毎晩訳のわからない話を聞かされた悪夢のような状況の中で，Aさん自身が母親との間で苦しんできた体験と同じようなことを娘にさせている。世代間の連鎖が起こっているとも考えられる。面接では，Aさんと娘との関係については，ほとんど取り上げていないが，娘（長女）もAさんの子どもとして，母娘関係に一人で苦しんでいたのではないかと考えられる。

　Bさんも，今まで怖くてあまり言えなかったが，思い切って母親とも少し話をしてみようと，自分の思いを話している。わかってもらえたかなと思ったが，『でもこういうことでもう学校休んだりしないでね』と言われ，それがまたズキンときたとショックを受けている。

　この時母親も，Bさんのことを理解し，あまり負担をかけないようにと思っていたが，それでもこのような発言をしてしまうところに，親のどうしようもない止められなさ，衝動性がある。多くの母親は，このように自分では意識できないが，つい子どもを傷つけてしまったり，負担をかけるようなことを言ってしまったりするところがあり，これは母親自身にとっては，特に違和感のない自然なことでもあるのである。

　また，Bさんは母親に「何かしようとすることはいい感じではない」と話して『じゃ私はどうしたらいいの』と言われている。Bさんとしては，今まで通り普通にしてくれればいいと伝えたかった。母親に求めているのは行動ではなく，もっとBさんの言いたいことをすっと母親の中に入れていってほしいということであった。しかし，母親としては，よかれと思ってやっていることであ

り，それを「いい感じではない」と言われ，かなりのショックを受け，どうしたらいいかわからなくなり，困惑し混乱に陥っている。

このように母娘関係において，娘の言葉，思いはほとんど母親には届かない。母親としては，よかれと思ってやっていることばかりであり，それを「違う」「いい感じではない」と言われると，わかってもらえていないと感じ，母親はさらに説明，説得を繰り返し，言葉を重ねていく。むしろＢさんの母親のように，娘の言葉にたじろぎ少し立ち止まって，自分はどうしたらいいのだろうかと混乱する事態があれば，まだ母娘関係としては良好な方に向かう可能性がある。それは，困惑することで立ち止まり，たじろぎ，混乱するということは，その事態に素直に目を向けようという意識が働いている兆候であり，さらに何かが揺さぶられ，混沌とした状態になることは，ある種の変化の兆しとして捉えることができる。

しかし，第１章の心の重ね合わせで示したように，地層として年月をかけて形成されてきた母親の感覚・感情は，そう簡単には変えられるものではない。それゆえに，第三者として母娘関係に介入し，母親を変えようとする父親の試みは，ことごとくはね返される場合が多いのである。

２）母親の期待とあきらめ

次に，母親の期待という視点から，各事例における母娘関係についてみてみる。

Ａさんは，自分の性格について，「きついところがあり，イライラを家族に向けることが多く，思い通りにさせたいという意識が強い」と語っている。この相手を思い通りに動かしたい，という思いは，多くの親が子どもに抱く感情であるが，特に母娘の間ではその思いが強くなり，それは子どもをコントロール（支配）して，ついには呪縛して，身動き取れない状況に追いやっていく。Ａさんは，夫に対しても，「寝る時，手を握ってもらいたい，そこで一言やさしい言葉があるといいが，それがないと不満」と語る。その背後には，夫にやさしくしてほしい，やさしい言葉をかけてほしいという期待が膨らんでいると考えられる。

このようなＡさんの子どもや夫への過剰な期待は，実は，Ａさん自身が親に対して抱いてきた期待であり，それが満たされなかったというつらい体験がある。人は，自分が“してほしかった”ことをしてもらえないと，周りに対して過剰にそれを“してやったりする”ことがある。さらにその奥には“自分にも同じようにしてほしい”というささやかながら強固な期待があるが，それが言葉になることはほとんどない。

　Ａさんの母親は，家では絶対的な権力者で，認めてもらうためにＡさんは一生懸命勉強もしてきたし，高校の時１時間ぐらいずっとしてくる母親のあり得ないような話を，必死で聞いて受け止め支えていこうとしてきた。母親が望んでいること，期待に応えようと，Ａさんなりに頑張って耐えてきたのであるが，それはかなり無理をして自分を抑えてきた態度でもあった。

　母親から「人間として何が大事か，それは人の上に立つことだ」と言われ，期待に応えられていない自分を卑下し，勉強も夜中必死で頑張り，部活動も熱心に取り組み，部長になれればと頑張ってきたのである。このようにＡさんの生活は，ほとんどが母親の期待に応えよう，褒めてもらおうという思いで，突き進んできた。ところが，部長になることはできず，母親の期待に応えられなかったばかりでなく，これまでの母親の期待に応えようとしてきた自分の生き方がなんだったのか，意味がわからなくなり，混乱し，ついには心が疲弊してしまって，病院に行くことになったのである。

　またＡさんは，小さい頃からの母親への期待もいっぱい抱えており，少しでも母親にその期待に応えてほしい，わかってほしいと願っていた。「花柄のエプロンを縫ってほしかった」と，当時の切ない思いをぽつりと語る。何十回と母親に期待し，それを満たしてもらう至福の時をイメージし，その満たされた体験を得たいという切なる願いからなかなか抜け出すことができず，苦しんできたのである。

　子どもが親に，自分に関心を向け，愛情を注いで，構ってほしいという欲求，期待は，おそらく動物的な感覚としての本能で，生きる上で不可欠なものである。その思いは，大人になった現在でも続いており，先日母が家に来たときも，Ａさんは，昔の母親の暴言について再度尋ね，少しでも謝罪の言葉があればと思っていたが，実際には「言ってませーん」とすごく馬鹿にされたような言い

130

方をされた。それでさらに傷つき，その夜，ヒステリックになり，子どもにあたり，階段から本を投げつける。今でもＡさんにとって，母親に自分の期待に応えて，きちんと認めてほしい，わかってほしいという思いは，根強く心の奥深くに眠っているのである。

「あなたは何も言わず『はい』と言えばいい」と言われて育てられてきたＡさんは，親の期待に沿うように生きてきた。Ａさんには，自分の感覚を抑え，自分自身の人生を生きられなかった，悲しさ，悔しさがある。しかし現在は，逆に相手に「はい」と言ってもらわないとダメで，子どもが自分の言うことに素直に従い，夫が求めに応じてやさしい言葉をかけてくれると期待し，愛情，言葉を求めてしまうのである。

さらに，学生時代，多くの男性と交際してきたことを，「お父さんと一緒にいたいような，やさしい男性に抱っこしてほしかった」と当時の体験を振り返り，父親に期待してきたことと，その後の男性関係とがつながっていることを，言葉にする。

子どもに対しても，長女が夜12時ごろまでは一緒にいてくれることを，Ａさんは私がそうさせているのかもと感じ，申し訳なく思うが，一人になるとダメなので助かっていると語る。これは娘が，母親であるＡさんの期待に応えて，必死でそれを支えようとする行動であり，Ａさん自身の子どもの頃と同じような現象が起こっているのである。まさに世代間伝達であるが，Ａさん自身はそれで助かっている，と感じ，自分が娘を苦しめているという感覚はなかなか持てなかった。ただ，「そういう母親（Ａさん）の子どもはかわいそう」という意識はあり，心のどこかで悪いなという思いはあるようであったが，自分ではどうすることもできず，ただ自分の不安を収めるのに精一杯だった。

このようなＡさんの過剰な期待について，筆者はカウンセリングで何回か取り上げていった。夫がお寺の散策に連れて行ってくれたが，Ａさんはそれだけでやさしい言葉もなく冷たいと不満を語るので，〈それが愛情では，それ以上のやさしさを求めても難しいのでは〉と返すと，「求め過ぎない方がいいということですか」とやや不満そうに語り，こちらの言葉がスッと入っていくことは少なかった。

しかし，夫が面接にやってきて，合同で面接ができ，お互いの気持ちのズレ

131

を確認できたことで，夫との差異を認識した。また母親に何とかわかってほしい，期待に応えてほしいと願って，何回か直接昔の体験を訴えたり，謝ってほしいと伝えたが，それは全く通じる話ではなかったことを経験していく。このような経験が繰り返される中で，Ａさんの期待に実母が応えるのは無理であるという「あきらめ」の境地に至り，「こんな母でも，いたらいいのか」と思えるようになったと語り，少しずつ母親への認識も変わっていったのである。

Ｃさんの場合も，母親の期待という視点から理解できるところがある。先のことを心配するＤ子に対しＣさんも「中学は義務教育だからまだいいが，高校は今みたいに休んだりはできないよ」とつい親の思い・期待を，先走って言ってしまうところがある。子どもの進路に対する親の心配として，当然のことではあるが，自分でもわかっていただけに，言われたＤ子は「言われたな」という感じでショックを受ける。

またＣさんは，自分が小さい頃家庭の雰囲気を味わったことがなかったので，子どもにはその雰囲気を少しでも味わってもらいたいという思いが強く，食事だけでも全員そろって食べるようにし，Ｃさんが朝早く仕事に出る時でも，Ｄ子や弟も朝６時に起きて，出かける前に必ず家族そろって朝食を取るようにしてきたという。

さらに，母子家庭という厳しい家庭環境の中で，Ｃさんを困らせないように，子どもなりに気を遣い，愚痴や不満は言わないようにしてきたところがあった。そのような状況に対し，Ｃさんは「（子どもが）さみしいと言うと私が困るだろうというのは感じていたが，見ないようにしていたところもあった」と語り，子どもが親の期待を感じ取り，先取りし，我慢し，期待に応えてきたことを理解していく。そして，Ｃさんは，これからはもう少しゆとりを持って生活していきたいと語り，これまでの家族内での気遣いや我慢というありようを，内省していく。

このように，自分がどのような期待を抱いているかが明らかになることを，筆者（内田，1992）はもう一つの意味で「明らめ」と捉えている。期待がなかなか思うように満たされず，行き詰まることで，親が果たせなかった思いやこだわりに気づく。これは，親の個人的な願望としての期待と子どもの成長を純粋に願う期待とが，次第に洗練されていくという意味で，「期待の純化」とし

て捉えられる。つまり，それぞれの期待のありようを意識化することで「明らめる」ことができるのである。そして，親の操作的期待が思い通りにならないこともあると受け入れて『諦め』に至ることにより，子どもをありのままに認めることができるようになり，素直な「子どもへの思い」が抽出されてくるというプロセスがあるのである（内田，1992）。

3　父親の視点から

1）母娘への父親・夫婦関係の影響

　次に，父親の視点から，母娘関係を考えてみたい。第1章で見たように，母娘関係においては，父親の存在は重要であるが，それがどのような役割，機能を果たしているかは，時代背景や文化的な要素もあり，これまで明確にはなっていない。

　大日向（2016）は，母親の育児環境の厳しさを考える際に，その背景として，父親である男性の未熟さと横暴さがあると述べている。父親の存在や役割は，最近の育児環境で特に重要視されているものであり，単に母親（妻）の精神的なサポートというだけではなく，育児に実際にどのようにコミットし，時間を割いて子どもに関わるかという現実的な問題として指摘されている。そして，これまで述べた密着した関係や距離の取りにくさ，抜け出しにくさのある母娘関係においても，父親がどのような役割を果たすかは重要なテーマである。しかし，母娘関係において登場する父親は，ほとんどが存在感が希薄であり，いるのかいないのかわからないぐらいで，話題に出てくることは少ない。

　信田（2008）は，母親が家庭内において，いつのまにかプチ帝王＝独裁者へとのぼりつめ，娘を支配するようになると述べる。その家庭において，父親は，独裁者となった母親をいなし，かわす術に長けている。そして，この父親のいなしやかわしは，家庭という場における母親の独裁に正当性を与え続けることになり，いわば共謀者でもあると指摘する。この信田の指摘は，母親の独裁者的な振る舞いに対し，何もできないという点ではあてはまるかもしれないが，

ただ父親が「いなし，かわす」だけであり，何もしないのは，母親の独裁に正当性を与え，共謀者と同じであるというのは，やや父親に厳しいように感じられる。この「いなし，かわす」という対応に関して信田は，父親を「空虚な中心としての父」という言葉で表現し，多くの父親の態度に共通する特徴として，ただ外からその状況を眺め，決してかかわろうとしない「妻の態度の評論家」であると指摘している。さらに，父親のタイプとして，過剰に暴力的な負の存在か，それとも無自覚なままの存在かのいずれかであり，このような両極端でしか存在しえないのではないか，と述べている（信田，2008）。

　確かに，母娘関係を理解していく上では，この父親の存在，役割を抜きには考えられない。しかし，このような空虚で評論家的な父親の存在が，母娘関係の背後にあり，無自覚なままの父親の存在が，母娘関係の苦悩の遠因であり，さらにその混沌を共謀者として助長しているのではないか，という考えには，筆者は幾ばくかの疑問を感じている。このような父親の存在が，全く無力であり，何も気づかないままで，ただ空虚な存在として，母娘関係に何らの介入もしようとしていないというのは，母娘関係を目の前にした時の父親の真実の姿ではないと考えている。つまり，そのような状況において，父親は，母親の思いも汲みながら少しでも娘の立場を理解し，その気持ちを支え，娘とつながりを持とうとしつつも，そのようにしか関わり得ないというのが，現状ではないかと思われる。

　第2章の調査研究より，男性よりも女性の方が父親の役割を高く評価していたという結果は，注目に値する。つまり娘は，母親との関係の影響が強いのは確かであるが，その一方で，父親の存在，関わりもしっかりと見ているのである。

　さらに，調査において，父親が母親とよく関わっているほど，母子が密着しているということを示しており，研究仮説の“父親役割の下位尺度の中で，“(父親の)「母親との関わり」が母子密着に負の影響を与える。”という仮説は支持されなかった。父親が母親と密接に関わることで，母子の分離が促進されると考えての仮説であったが，今回の結果はむしろ逆であった。父親が母親と親密な関係を持つことで，娘との距離が生まれ，母子密着は薄れると考え，逆に父親が家庭内で機能しておらず，母親との関係が希薄になることが，母親と

娘の密着した関係を強めることになるのではないかと考えていたが，実際はそうではないようなのである。

では，両親の仲がいいほど，母子が密着するという結果は，どのように考えていったらいいのだろうか。父親と母親の関わりが多いことは，母親自身にとっても嬉しいことであり，精神的にも安定していると考えられる。また，子どもにとっても父親が母親と関わり，仲よくしていることは，家庭として落ち着いた雰囲気であり，安心感を得ることができる。そのような母親，子ども共に安定した，安心できる家庭環境において，母子の密着（ここではむしろ良好な関係）が形成されていくと考えられる。つまり，両親の仲がよく，父親が母親に関わり，家庭内が落ち着いた雰囲気であるほど，母子の密着度は強くなり，それはとくに精神的な親密性を強め，その結果女子の心理的な自立を高めることにつながるのである。このあたりの母子密着と，女子の心理的自立の関係は，かなり複雑で，調査研究の仮説にあるような，母娘が密着することにより子どもの自立が阻まれ，社会に適応していくのが難しくなるといった，単純な理解ではない，もっと別の要素が働いていると考えられる。ここでの母子密着は，ネガティブなものというより，むしろ親密な安心感の持てる母親−娘関係であると考えられる。

2）母親を媒介とした父親の潜在的・間接的関与

父親の母親への関わり，夫婦の良好な関係が，子どもの母子密着を促進するところがあり，子どもの心理的自立を促進する側面も持っている。つまり，父親の関わりは，夫婦関係を介して子どもの自立や適応に影響を及ぼしているのであり，直接的な影響ではなく，むしろ間接的な，母親を媒介とした機能であると考えられる。

森永・作間（2000）の研究でも，母親が娘と密着するほど，父親を「尊敬する父」「会話する父」として捉えている。つまり，父親が家族内で孤立し，父親が母娘関係に関わることがないからといって，必ずしも母娘密着が促進されるということではないようである。さらに，母親も娘と密着するほど，父親との仲がよく，定年後も夫と暮らそうと考えており，夫が育児や子どもに関わっ

てきた，と感じている。このように，母娘関係を考えていく上で，父親（夫）の役割や機能として，表面的な"強力に結びついた母娘"対"そこから外れて孤立し，関わろうとしない父親"という2対1の対立的な構図だけでは見えてこない家族内の心理メカニズムがあると考えられる。

父親の役割として「父親の存在感を示すだけでなく，母親とのバランスが必要」（秋光・村松，2011）ということが強調されている。たとえば，母親が主な子どもの相談相手であるが，母親が聞けなかった周辺の状況などを父親が別の機会に聞いたりしている，ということであり，父親は日常生活の中では子どもと関わる時間は少ないが，母親を補う存在であるということである。

また，父親の量的な関与としては，父親自身が子どもとよく関わっていると考えているほど，母親の養育態度は肯定的なものとなり，母親の安定という点では，重要な意味を持つと考えられる。しかし，子どもの社会性の形成に直接影響を及ぼしているのは，「母親の肯定的な養育態度」と，「父親関与に対する子どもの認知」であった。つまり，父親に関しては，父親自身の量的，質的な関与の認知というよりも，その父親の関与を，子ども自身がどのように捉えているかが子どもの社会性の形成につながっているのである。子どもの友人関係といった社会性に関して，それとは直接関係のないような父親の質的な関わりが，子どもの父親認知を媒介して社会性に影響を及ぼしているということが示されており，母親とは異なる，父親独自の質的関与の影響が示唆されるものである。

つまり，母親自身も，父親の子どもへの関わりにおいては，母親の関わりとはやや質的に異なる視点からの，父親ならではの「積極的なコミュニケーション」や「愛情表現」を期待し，どれだけ多くの時間をかけるかといった量的なものよりも，むしろ質的に，娘にいかに短時間でも情緒的な交流のある親密な関わりを持ってもらえるかを重視しているのである。

中丸ら（2010）も，娘は父親との情緒的な肯定的関わりから，母親からのものとは質的に異なる何ものかを受け取り，それを内在化して成人後も"内なる父親"との対話を続けているのではないかと指摘している。

そこで，母親とは質的に異なる父親の関与とは，どのようなものであるかが重要になる。娘は，父親との小さい頃の身体を使った遊びを通して，母親と

は異なる非日常的な思い出を形成しているという指摘がある（中丸ら，2010）。また，その思い出は，非日常的であるがゆえに，それほど強烈なものではなく，「今にして思えばわかる」程度の薄く，透明な感覚であるという。さらに，娘に「このままでいいのだという感覚」を呼び覚まし，「ここぞという critical な時に立ち現われ」て，娘に「安心感を与える」潜在的なセーフティネットとしての父親を父親の【養育性】として抽出している（中丸ら，2010）。

　中丸らの研究で抽出された父親の【養育性】は，現在の自分を形成してきたのは，まぎれもなく父親の影響もあり，それは母親の関わりの時間に比べればはるかに少なく，「時々生じる大切にされている感覚」や「それとなしの配慮」と言われるようなまさに空気的な存在である。それでも父親との体験で，これまで受け取ってきたものは多く，母親との関係においてはなかなかわかり合えず，また自分の思いを受け止めてもらえないというつらい状況においてこそ，父親との関係において培ってきた「信頼されている確信」や「ここぞという時の父親の存在」は重要な意味を持つのではないかと考えられる。それは，危機に瀕したとき，自分の存在が見えなくなり，生きることさえつらくなるような状況に追い込まれた時，父親からのわずかではあるが，確かに承認されているという感触は，娘にとって大きなセーフティネットとなり，母娘関係においても，大きな影響を与えることになる。下茂・桂田（2015）は，娘の父親に対する評価を検討し，発達的に見た時に，小学校時代が最も高くなることを示している。小学校時代は，父親と子どもが，身体を通して，じゃれ合ったり外で遊んだりして，質的に密接に関われる時である。

　事例に戻って考えてみよう。Ａさんにとって父親は，母親との苦しい関係を理解しようとせず，救い出してくれなかった憎しみの対象であった。一方で，父親の存在は大きく，「私はお父さんっ子で，よく一緒に釣りに行ったりしていた。気は弱いが，普通の父親だった」と語り，さらに多くの男性との関係を持つ中で，自分を「ファザコンなのかもしれない」と語り，「異性を求めていたのは，実は父親を求めていたのではないか」と自ら振り返っている。怒りの対象でもあったが，一番わかってくれている「母親代わり」みたいな存在でもあった。その父親が数年前に亡くなったということが，Ａさんにとっては大きな支えを失う出来事であり，今回の精神的な混乱ともつながるところはあった

と考えられる。Aさんにとって，父親は，非常にアンビバレント（両価感情的）な存在ではあったが，どこかわかってくれている支えとして，母親とは質的に異なる，ここぞという時に頼りになる確かな存在として，心の中に存在していたのではないかと考えられる。

Bさんも，「父親には話しやすい」と母親に語っている。接する時間は多くなかったようだが，母親とはどこか違う，話しやすさが感じられていたのである。

D子にとっての父親は，多額の借金で家族を混乱に陥れた張本人である。その意味では，自己中心的で父親としては未熟であり，おそらく夫婦の激しい対立もあり，妻や子どもたちにやさしい言葉をかけてやれる存在ではなかったかもしれない。それゆえ，父親の借金をめぐる夫婦の葛藤から離婚という家庭崩壊に巻き込まれた子どもであった。しかし，その父親について，D子は小6の頃一度話題に出し，「あんなバカ親父に会いたくないわ」と語っている。以後D子が父親の話題を出すことはなく，家族でも話すことはなかったということであるが，筆者には「あんなバカ親父」と語ったD子の気持ちの中には，どこか小さい頃父親と過ごした体験，そこでわずかばかりではあるが，コミュニケーションを交わし，確かに愛情を感じ取っていたのではないか，つまり母親とは少し異なる質的な関係があったのではないかと，感じられる。そして「会いたくないわ」と語った言葉には，母親にはそのように伝えておく方がいいのではというD子なりの気遣いがあって，その後この家では父親の話をすることはタブーとなっていくが，心の奥深くでは，父親の存在をどこか求め，母親とはまた違った感覚を持っていたのかもしれないと思われる。

これまで見たように，「父親とは男子には直接影響与える人であり，女子には間接的に影響与える人である」（猪野・堀江, 1994）という理解が可能である。間接的というのは，これまでの研究でも見てきた通り，娘は父親からの直接的な影響をあまり受けておらず，父親の存在はあくまでも母親との関係，あるいは夫婦関係を媒介にして，娘に伝えられることが多いからである。春日（2000）は「娘から見た父親の魅力度は，母親から見た夫の魅力度と関係があること」を指摘し，さらに「娘は母親の眼を通して，父親を見ているといえるかもしれない」と述べている。したがって，父親と娘の関係を理解するには，

第6章　母娘関係を上手に生きるために

母親の父親へのまなざし・認識は避けて通れないところであり，まさに母娘関係を通して父親の存在感，機能というのは見えてくるのである。

信田（2016）が指摘するように，母娘関係を考えていく上で，夫婦関係が上手くいっておらず，機能不全に陥っていると，母娘関係には悪影響を及ぼす。母娘関係を良好に，またできるだけ娘にとっても楽に過ごすためには，夫婦関係がうまくいっていることが重要である。そう考えると，母親の娘への支配，過剰な期待，理不尽な態度に対し，父親がその間に割って入ることは決して得策ではない。それは，母親の態度・関わりを指摘し，変容を求めることにつながり，否定的なニュアンスが伝わるので感情をますます逆撫でする。それは母親自身を否定してしまうことになり，夫婦関係に大きな亀裂が入る可能性があるからである。筆者には，難しい母娘関係を目の前にした多くの父親は，そこに直接関わり，娘を何とか守ってやろうとすることは，かえって夫婦の機能不全に陥り，娘にとってもあまりプラスにならないとどこかで感じているのではないかと思える。これは決して，母娘関係から目をそらしたり，見て見ぬふりをしているということではない。父親は，まずは夫婦関係を優先することを選んでいるのである。下茂・桂田（2015）も，「母親を大切にして夫婦関係も良好と認知されている父親は娘からの評価も良く」なると述べている。つまり，夫婦関係が良好であることが，母娘関係に対してもプラスに働く面があり，その夫婦関係の良好さが，母親の夫に対する視線を通して，父親の評価を高め，父親の存在が娘に影響を及ぼすことになるのである。

母娘関係において，父親が唯一できるのは，母親との良好な関係を構築することで，母親を介して娘に働きかけることである。これは，一見すると母親の横暴さ，理不尽さ，さらに娘を支配し，その自由を奪っていくことに加担し，エスカレートさせているように見えるかもしれない。信田が指摘するように，父親が「いなし，かわす」だけで，何もしないのは，結果的には母親の共謀者になっているのではないかという指摘も頷ける部分もある。娘にもそのように映る可能性はあり，父親としての存在は非常に微妙な立場で，娘からも否定され，見放される可能性もある。一方で娘は，父親を母親とは質的に異なった視点で見ており，その時間の長短というよりは，質的にどのような関わりや愛情を受けてきたかという小さい頃からの体験の潜在的な積み重ねにより，父親と

139

の間に確かな愛情，信頼感を形成させている可能性がある。その確かな愛情や信頼感は，いくら母親から理不尽で横暴な仕打ちを受けても，父親はどこか違った視点で自分を見てくれているのではという感覚を持たせてくれるのである。

　Aさんの場合も，母親との関係で混乱し，さらに父親にも無視され裏切られるということで，救いようのない絶望的な状況に陥り，大人に対する不信感が広がり，ずっと満たされない空虚感を感じてきていた。しかし，家では父親が唯一まともであった。気が弱く母親には何も言えず，Aさんには「お前さえ我慢すればいい」と突き放し，助けてもらえなかったが，そのような父親でもAさんには，どこか支えとなる，セーフティネット的な存在であったと考えられる。

　Bさんも，母親との関係で，「行動ではなく，もっと言いたいことがすっと入っていってくれればいいと思う。私は目に見えるところではなく，もっと見えないところで伝われば思う」と語っており，それが叶わなくて苦労していたが，父親との間ではそれに近い関係がどこか持てていた可能性がある。

　つまり，母親，娘，父親という三者関係において，母娘という密着した距離の取りにくい関係に対し，父親はいわゆる父性と言われる切断する役割で間に割って入る介入をすることもできるが，ここではむしろ母親の意見に従い，母親をサポートし，夫婦関係を良好に保つことを優先しているのである。その一方で，娘にも，一見すると母親と同じように娘を責めたり，あるいは我関せずと無関心を装っているように見せながら，深いところで娘の苦悩をどこかで感じ取り，存在を認め，父親としての愛情を注いでいることを，ほとんど目に見えないような，透明な存在となりながら伝え続けているのである。それは，娘の存在をどこかで支え，その自己肯定感を保つ上で，大きな役割を果たしていると考えられる。おそらくこれは，母親も薄々感じているところであり，父親が表面から母親に異を唱えているわけではないので，母親としても許せるところがあり，さらに娘に関わって自分とは違う側面でサポートしてほしいと願っているのではと感じられる。この目には見えない微妙な娘と父親の関係は，これまでの「間接的」，「母親を媒介として」，「空虚な存在として」というような形で表現されてきた，表からは見えにくい潜在的なものであるが，母娘関係のもつれた糸を解きほぐす一つのきっかけになると考えられる。

4　母と娘の心の重ね合わせ

1）愛着の世代間伝達とパラレル・パターン

　第3章で取り上げた愛着の世代間伝達や第5章で取り上げた母娘のパラレル・パターンを理解するのに，筆者は「心の重ね合わせ」という視点を提示した（第1章第3節3）。それは，人の心を，何年もの年月をかけて形成される地殻・地形を持った大陸の島になぞらえて，理解してみることである。

　つまり，人の心・性格をマグマの働きにより地殻が隆起してできる島の形成と同じようなプロセスで作られたものとして理解してみる。島は何年もの自然環境の風化（大雨や台風，猛暑や寒冷など）により，次第に変容し地層が重なっていく。そうやって形成されてきた島の形状（鋭角に尖った山やなだらかな丘陵，深い谷や切りたった崖，大きく広がった湿地帯など）は，その人の心の個性であり，その人を特徴づける島の形状として形成される（心の島の形成　図2，P.32）。大きな外傷体験は，強いマグマの隆起として現れ，切りたった山岳地帯や崖として，その島の地形を形成していく。そして，その鋭く尖った山の凹凸が，そのまま次の世代に，子どもを育てるという相互作用の中で，受け継がれていくと考えられる。

　子どもは，生まれたときは，それほど隆起のある島ではないが，その新鮮さゆえに地殻の層が薄く軟らかく，可塑性に優れている。そこに，凹凸のある母親の心（島）が重なることによって，子ども（娘）のマグマは刺激され，ほぼ母親と同じような凹凸が形成されていく（母と娘の心の島の重ね合わせ　図3，P.33）。このように子どもの柔らかな心に母親の心を重ね合わせることにより，娘に母親と同じような地形の起伏が生まれ，似たような感覚・ものの見方や感じ方を持つようになるのである。これは，愛着障害といった非常に凸凹の激しい形状の心の島を持った親子だけではなく，普通の親子関係においても，同じような形状（感覚）になると考えられる。Cさんの事例において，親と子の間のパラレル・パターンとして示されたものは，程度や内容の差はあれ，ほとんどの母親と娘で共通して見られる。

141

家族療法において，世代間伝達ということが言われるが，何も虐待やアダルト・チルドレン（ＡＣ）だけに限られることではない。それは，すべての母娘，そして親子の間に見られるものであり，子どもは親の姿を見て育ち，長い間一緒に家の中で暮らすので多くの影響を受け，その見方や考え方，感覚まで受け継いでいくのは必然的である。その意味では親子の世代間伝達は宿命的であると言える。

　鵜飼（2017）は，「虐待－被虐待に限らず，親との関係は，私たちがもつすべての人間関係の基礎となる最初の人間関係である」と述べ，親との間にどのような愛着関係を発達させてきたかが，人生を大きく左右すると指摘したうえで，この親との愛着関係は，「常にそこにあり，完全に解決されることのない永遠のテーマなのかもしれない」と述べている。

　虐待されて育った女性（母親）たちが，自分が子どもを出産した後，親からの虐待が連鎖して，自分も虐待してしまうのではないかという不安・恐怖を感じることがある。しかし，すべての虐待された女性が，そのまま虐待の連鎖を繰り返してしまうわけではなく，そうでない母親もたくさんいるのである。本書で示したように，娘が，自分の母娘関係をどのように捉えるか，つまりはどのように内省するかということが，ポイントになる。

　さらに，子育ては母親だけではなく，夫や祖父母，叔父叔母，母親の友人，専門家など，多くの第三者が関わることになる。その中で，母親との間で形成されていく心の地形以外に，母親とは異なる心の地形がいくらかでも形成される可能性があり，このことは世代間伝達を変容させる大きな要因になるのである。

２）母娘の重ね合わせと父親の機能

　このように密接した中で，母娘の心の重ね合わせが起こるとき，父親の機能は，どのように考えたらよいのだろうか。父親は，家族内において母親とは似て非なる，別の大人の存在である。夫婦の心の島の類似性およびその重ね合わせについては，今後さらに詳細な検討が必要なところである。つまり，男女がカップルとして惹かれ合い，共に人生を重ね合わせていこうとする際，おそら

第6章　母娘関係を上手に生きるために

くそこには心の島を重ね合わせることで，お互いの類似性や感覚の共通性を感じ取り，一緒に居て居心地がよく，楽しいという感覚を持つと考えられる。しかし，それでも自分とまったく同じ心の持ち主はいないので，さまざまなところでズレが生じ，それが夫婦の軋轢，衝突となり，それでもお互いの違いを認めつつ，共に生活をしていく。夫婦の心の重ね合わせについては，さらに母娘の発達論のところで検討することになる。

　いずれにしても，家族の一員として子どもの出生時から密接に関わる親子関係において，主に父親は子どもが小さいときは身体を使い，一緒に遊んだりじゃれあったり，一緒にお風呂に入ったりする。その関係で娘が体験する感覚，甘えや認めてもらう関わりは，わずかだが確かに母親とは異なる体験であり，母親との体験で作られた心の島の形状とは異なる地形が少しずつ形成されていく。

　図3（P.33）において，母親と娘の地形は，ほぼ相似的に重なるが，右側の手前に，母親にはない小さな山が，母親との違いとして示されている。これは，図4（P.36）で示したように，父親の地形の特徴でもあり，父親と娘の心の重ね合わせにより，娘にも影響を与え，少しだけ隆起しているのである。父親と娘の関係は，母親に比べればはるかに接する時間は短く，その相互作用や関係の質においてかなり希薄である。それでも乳幼児期の身体を使った遊びや身体接触を通して，母親とは確かに異なる影響を及ぼす（母親とは異なる心の島を持っている）のは重要なことである。娘に母親とはまったく異なる地形があることは，母親と娘がほぼ相似的に重なって，一体化しようとしてもどうしても重ならない部分（父親の山）があるということであり，母娘関係において，差異を意識化させる際に，重要なポイントになると考えられる。

　児童期から思春期にかけ，母娘の距離が近くなる中で，父親の機能は，その関係の間に割って入り，距離を広げ，切断するものでもなければ，その関係に我関せずと無視するものでもない。その時に父親ができるのは，まずは母親との親密な関係をしっかり作り，母親と父親が共同して子どもの養育にあたっているという，共同体をつくることである。これが形成されない中で，いくら父親が娘に関わり，母娘の間に距離を作ろうと思っても，娘にしてみると，父親の直接的な介入はそれほど意味を持たず，むしろ強い介入は，「厳しい」，「怖

い」と受け止められ，娘からは拒否されるだけである。

　父親は，まずは母親のパートナーとして，母親を支える存在として，しっかりと夫婦の関係を安定させることが重要になる。夫婦の関係を安定させるには，母親と父親とが心の重ね合わせを行い，お互いの共通性と違いをしっかり認識し，父親自身が，母親の心の島の成り立ち，その地形の特徴を十分に理解し，受け入れていくことである。父親は，母親との長年の夫婦としての体験の中で，母親の地形として形作られてきた鋭く尖った山や深い渓谷の心のありようを感じ取り，時に窮屈に感じたり，また傷つく体験をしたりしながら，それが母親の心の島であると理解し受け入れていく。そのことによって夫婦の深い理解，つまり“あきらめ”や“腐れ縁”といわれるような，プラスの面もマイナスの面も，すべて引き受けてやっていこうという覚悟ができていくのである。

　その上で，父親は，母娘関係の中で，娘のおかれている，母親から過剰な期待をかけられ，常に母親の思いに従うことを求められ，その中で閉塞感を感じ，自らの主体性を発揮できないで，窒息しそうになっている状況も理解しているのである。なぜなら，それは父親自身が，夫婦関係において母親（妻）との心の重ね合わせで遭遇してきている状況と同じだからである。娘の感じる母親との窮屈感や違和感は，母親の心の島と，娘の心の島が重なるとき，母親からの影響で生じるものである。母親の心の島は，父親とも心の重ね合わせが生じるが，父親は大人であり，夫婦として関わるので，その重なりのズレ，痛みはそれほど大きくはなく，またすでに長年時間をかけ，経験し理解してきているところなのである。

　ところが，その母親の心の島が，まだ柔らかい可塑性に優れた娘の心の地殻と重なると，従順であるため影響を受けやすく，母親の島における特徴がそのまま重ねられる。その際に，娘は母親の影響を受けつつも，それ以外の父親や祖父母・親戚などの影響も受けているので，母親とのわずかな違いやズレ・違和感，さらに不信感や痛みを感じる。この感覚は，父親が母親との心の重ね合わせで感じたものと同じであり，その意味では，父親と娘は，母親と接する時には，同じ体験を共有しているのである。

　しかし，父と母（夫婦関係）に比べて，時間的・関係性的に圧倒的な力の差がある母娘関係においては，島の重ね合わせはさらに強固に作用し，それに反

発したり，そこから離れようとしたりすること自体が難しい。父親は，そのような状況に置かれていることを，それとなく"わかっているよ"と娘に伝え，表立っては母親と仲よくしているが，その一方で，小さい頃からの遊びやコミュニケーションの体験を通して，娘とも心の奥深くで通じ合っているのである。つまり父親は母親との心の島の重ね合わせによる娘の痛みと窮屈感を理解しつつ，娘の中に母親とは異なる心の島の特徴があることを父娘関係を通して体験させることが，重要な父親の役割，機能であると考えられる。

　そして，この娘を支える父親の機能において，大切なのは，娘の人生早期における父親との関係である。父親の子どもにかかわる時間は非常に短い。それでも小さい頃から，抱っこしてもらったり，一緒にお風呂に入って遊んだり，少し大きくなると一緒に公園に出かけたり，釣りに行ったりするだけでも，そこには母親とは異なる心の島としての父親の関わり，心の島の重ね合わせが生じているのである。それは，少なからず娘にも影響を与え，母親とは少し異なる地形の凸凹を形成する。父と娘に共通する地形であり，わずかな共通点ではあるが，母親とははっきりと異なる地形を持っていることが，後に娘が母親との一体感，密着した関係において，母親に対する違和感，窮屈感を感じるための一つの拠り所になると考えられる。父親役割の研究において，娘が父親に感じていた「質的な関わり」というのはこのような，短時間ではあるが，母親の心の重ね合わせとは異なる，父親の心の島との重ね合わせの体験であると考えられる。したがって，父親が幼少期に，しっかりと子どもと接し，母親とは異なる心の地形を持った存在として，短時間でも心を重ね合わせ，関わっておく（楽しく一緒に遊ぶ）ことは，まさに父親の役割・機能としては，非常に重要になるのである。

5　母娘関係の発達論

1）心の重ね合わせにみる女性のライフサイクル

　人の心の発達のスタートをどの時期から論じるかは，難しいところであり，

ニワトリが先か，タマゴが先か，という議論と似ているところがある。結局のところ，始まりがよくわからない，循環的なサイクルとして考えられるところである。

　発達の問題を，やまだ（2011）は，世代間の関係を含めた視点から，「生成的ライフサイクルモデル」として提示している。このモデルは，発達観と時間概念を根本から問い直し，直線的・進歩主義・一方向的時間概念・因果関係図式に対し疑問を呈し，はじまり，終わり，ピーク段階といった時期に特権的な地位を与えないというものである。つまり，変化は「創造者が目的と意思を持って『つくる』世界ではなく，生きものが自然に『なる』生成・推移プロセスを重視」するものであり，そこでは，"死"も必ずしもネガティブなものではなく，自然の推移の一環として位置づけられる。さらに，発達を，文脈的関係性の中に位置づけ，人生の意味を重視しようとする。このやまだの発達観は，個々の人生において，その人特有の意味を持ち，それはその人が，さまざまな文脈（本論では家族との文脈が中心になる）において，自然と「なる」プロセスによって，生じるというものである。

　筆者も，母と娘の関係を考えた時，この子どもから大人へという時間概念や普遍的な発達・成長というモデルよりも，変化プロセス，つまり母と娘の激しいぶつかりあいやあきらめなどによる心の重ね合わせそのものに意味があると考えている。それは非常に個別的な母娘関係での語りの中で生まれてくるものであり，ポジティブな側面とネガティブな側面の矛盾する両方の側面を合わせもつ，数量的に測れるようなものではない，「意味」や「価値」の質的変化ではないかと考えている。

　ここでは，30代の女性，結婚して子どもを出産する直前の女性から，人のライフサイクルをみてみたい。

　30年生きてきた女性（母親）は，それまでに多くの体験を重ね，嬉しいことも悲しいことも，時には傷つくような体験も重ねてきている。それらが，一つの心の島となり，多くの人との出会いと時間の経過は，地殻の隆起をもたらし，山は丘を作り，さらにそこに雨や風が吹く中で，地表面が削られ，川となって土砂が運ばれて平地を作って，表面上は川と緑に覆われた緑豊かな島を形成している。渡辺（2008）は，子どもが産まれてから感じる「生きた瞬間瞬間の感

第6章　母娘関係を上手に生きるために

覚的な体験」を深い海の底に積もるマリンスノーにたとえて，「心をおりなす地層」として人の心を表現している。

　そして，その女性は自分の心の島の地形とできるだけ共通性の多い，重なりやすい男性と出会って結婚をするのである。男女の結婚においては，できるだけ自分と似ているところが多い相手が，選ばれることが多い。その方がお互いに理解しやすいし，心の重ね合わせが起こった時に，摩擦や軋轢が少ないからである。それでも，母親と父親は，全く同じ地形の島（人格）というわけではなく，微妙に異なる心の島を形成してきている。男女の出会いによる関係は，お互いに共通するところが多い方が理解しやすく，心の重ね合わせが起こりやすいが，その一方で自分にはないもの，異なるところを求めるところがあり，配偶者として「似て非なるもの」を求める形で，家庭が築かれていくと考えられる。

　そこに，父親と母親の遺伝子を受け継いだ子どもが生まれる。子どもは，最初の一年は，母親とほぼ一緒に過ごすことが多く，頻繁に母親の心の島と重ね合わせが起こる。特に子どもが娘の場合は，同性としての共通性が高いので，母親の持つ心の凸凹は，そのまま娘にも受け継がれ，母親からの凸凹に応じたマグマの動きが娘に影響し，ほぼ同じような地殻変動が起こり，母親と相似的な地形を形成していく。

　ここで，父親は母親の養育をサポートしていくが，子どもとも直接かかわる時間もある。子どもをあやし，お風呂に入れたり，抱っこして外に連れ出したりする。少し大きくなると，休日には，公園に連れて行ったり，家で遊んだりする。この時にも，父親と娘の心の島の重ね合わせは起こっており，父親は母親と似たような心の島であるが，わずかに異なる地殻の隆起，地形を持っているところがあり，それは短時間ではあるが，娘と関わる中で，娘の心にもしっかりと受け継がれていく。

　しかし，娘と関わる時間やその会話量，身体接触などは，母親の方がはるかに多く，母親の凸凹の影響を強く受ける。そして，時間が経てば経つほど，その地形は風雨にさらされ，地表は少しずつ浸食され，幾重にも地層が重ねられ，なだらかになったり，草木が生えたりするが，その地殻の基本的な部分は，母親に類似し，成長するにつれ，その地殻はより強固なものになっていく。

この母親と娘の心の重ね合わせは，必然的に起こることで，娘にとっては避けられない。むしろ母親との心の重ね合わせがあるからこそ，娘は子どもとして，また一人の女性として自分の基盤となる地殻・地形が形成され，生きていくことができる。これは，愛着の形成といわれる部分でもあり，子どもにとって乳幼児期は，重要な他者との関係により基本的な信頼感を形成する重要な時期でもある。

　その意味では，すべての母娘の間に，世代間伝達は起こり，母親の心の島の多くの部分が子どもに受け継がれていく。ここで問題になるのは，母親の心の凸凹は，人によって大きく異なり，非常に過酷な環境の中で，強力な外傷体験などのマグマの力により大きく地殻が変動し，強い摺曲が起こり険しくそそり立った山岳として存在したり，マグマが噴出し，硬くごつごつした溶岩に覆われた岩山として，形成されていたりする場合もあることだ。このような母親の鋭く突き出た岩山は，娘との心の重ね合わせの際に，まだ軟らかく，脆弱な娘の心の地殻に多くの刺激を与え，大きな変容を迫ることになるので，深い傷つきを与えることもある。母親のこだわりや傷つきの岩山が強固で険しければ険しいほど，娘へのインパクトは大きく，次第にそれは娘の心にも同じような溶岩の噴出などの激しい傷つきの地殻変動を与え，同じような険しい岩石に覆われた山岳地帯を形成していく。

　母親にとっては，自分の岩山が鋭く尖っており，接する周りの人たちを傷つけ，侵入的になるという自覚はほとんど持っていない。それは，母親自身も，自分の親（祖母）から同じような環境で育てられており，祖母との心の島の重ね合わせによって，長年の歳月をかけ形成されてきた必然的な結果であり，無自覚に生じてきたものだからである。

　このように考えると，娘が母親との関係で苦しみ，逃れられなくなっている支配や取り込みといった関係性は，もともとは，母親と祖母との間で形成されてきた地殻変動，溶岩の噴出による険しい岩山の存在によるものであり，それは必然的に，母親から娘にも心の島の重ね合わせにより受け継がれていき，同じような心の地殻，地形が形成されていくと考えられる。いわゆる世代間伝達である。これは鋭い岩山といった外傷的な体験だけではなく，風雨によって岩山が削られた谷や地殻の緩やかな隆起による丘，平地に広がる緑の草原なども，

148

同じように心の重ね合わせにより母親から娘へと受け継がれていく。このように人の心の発達・形成を考えると，子どもの心の地形が，母親と同じようになるのは，幼少期，ほとんどの時間を母親と共に過ごすので必然であり，宿命的であるともいえる。母娘関係に苦しみ，なかなか社会の中で生きにくいと感じている娘にとって，これは宿命でありどうしようもないと言われると，つらい気持ちになる。しかし，母親自身の心の地殻がそう大きく変化することはなく，それゆえ娘自身の心の地殻も，ほぼ同じようになっていくのであり，さらに時間を重ね，地層が重なっていけばいくほど，その心の地形は強固なものになり，変容が難しくなっていくのである。

　母と娘のぶつかり合いの中で，母娘関係が変容する可能性について，信田（2016）は，「母親が謝罪したり，理解の姿勢を示すようになるためには，娘か母親，いずれかの命を懸けるような行為が必要」であると述べている。数十年にわたって形成されてきた心の地殻，地形が変化するには，その地殻そのものを大きく揺り動かす巨大なマグマのエネルギーが必要であり，一瞬でその切り立った山岳地帯を崩すには，大きな地震や，山を吹き飛ばすほどの大噴火というような激しい地殻の変動が必要である。そのような大きな地殻の変動は，その島自体が崩壊してしまうような激しいもので，まさに命を落とすという危険性があり，大きな変化を求めることはリスクが高い。

　では，このような地殻変動として形成されてきた心の島は，全く変容することはないのかというと，そうではない。母親の心の島が，娘の心の島と重なるとき，娘はさまざまな反応を示し，必ずしもまったく同じようにはならない。それは，娘自身の地殻が，母親の地殻と100％同じではないからである。そこには父親の遺伝子が半分程度は含まれており，母親とまったく同じにはなりえないのである。このことは，母親にとっては非常に重要であり，心の重ね合わせにより，ほぼ相似的な地形を形成するが，完全に一体化することはなく，どうしても重ねられない部分や変容しないところがあり，それは逆に母親の心の島を揺さぶることになる。母親からの子どもへの影響だけではなく，子どもから母親の心の島への影響もあり，相互に影響し合う。つまり，子どもの島の形成において，母親の心の島が変容する可能性もあるという，相互影響性，相互因果性とでも呼べるような関係性が生まれてくる。

このような母娘関係における相互影響性のプロセスを経て，娘は30代になり，母親とほぼ同じ心の島を持ちながら，自分と似た心の島を持った男性と出会い，結婚することになる。このように，心の島の重ね合わせによる世代間伝達は繰り返されていくのである。

　次に，この長年かけて形成されてきた，心の島が，どのように変容していくのか，母親と娘とは，どのように心の島を重ね合わせることが，お互いにとってプラスになり，成長につながるのかを考えてみたい。

２）母娘関係を生きる成長モデル

⑴　母娘関係における違和感へのまなざし

　娘にとって，重苦しく，距離が近く，束縛されるように感じる母親に対して，なかなか効果的な「処方箋などというものはない」と信田（2016）は述べている。確かにそうであり，娘に，母親にこのようにしたら楽になりますよと言えるような簡単な方法などというものはない。それは，母親自身に，娘との関係がどのようになっており，何が娘を苦しめ，悲しませているのかということ自体が全く見えておらず，自覚することができないからである。

　第1章で見てきたように，母親は，「お母さんはあなたのためを思って」という言葉を使って，傍目にはよき母親を演じることで，良好な，仲よしの親子関係をアピールする。さらに「私があなたを思う気持ちがなぜわからないの？こんなにも案じているのに！」と子どもが親としての心配，思いやりを受け取ってくれないことを非難し，結果的には，娘を自分の思うがままに動かそうとしている。さらに母親は，そのような母親を演じている，あるいは思うがままに動かそうとしていることなど全く自覚はなく，それは母親のこれまでの人生を考えると，自然な流れ，認識であり，それはまさに呼吸をするのと同じぐらい自然なことなのである。

　このような母親に，「娘が母親を重たく感じている」「窮屈に感じている」ということを，どのように伝え，わかってもらうかが，母娘関係を少しでもいい状態に導いていく最初の重要なポイントになる。母子関係という融合的な一体感の中で育ってきた娘は，このような母親の自己愛的なコントロールに対して，

第6章　母娘関係を上手に生きるために

違和感を持ったり，反発を感じたりすることは，なかなか難しい。そこには特異な鈍感さがあるとも言われる（高石，1997）。しかし，娘は，母親との心の重ね合わせの中で，どこか母親は本当に私のことを思ってくれているのだろうか，という思い・違和感を抱く時がある。筆者は，それは人間の心がもつ自然な感情で，自己の表現を求め，成長していこうとする健康な命の衝動性に対する窮屈感の感知である，と考えている。これは，子どもが少しずつ自我の意識に芽生え，自分という意識が高まっていく児童期から思春期にかけて起こってくる。北山（1995）も指摘するように，自分という意識は，自らの領分を他と区別するところから始まる。乳幼児期の子どもは，自らの領分というものがなく，母親と渾然一体とした感覚の中で育っており，自分の考えや感覚は自分の延長線上にある母親との一体感の中にある。その中で，子どもは少しずつ自らの領分と母親の領分とを切り分けるようになる。そして，その自らの領分（自分）の芽生えにおいて，筆者は，子どもが家族の雰囲気（家族風土）に目を向けることが違和感へのまなざしの入り口になると考えている。

事例のAさんは，小学校の頃，一家団らんについて家庭科で学び，「普通の家はそうなのか」と初めて自分の家の特異性に気づく。さらに，学校で怪我をすると，自分は母親に怒られるかもと不安になるが，他の家では怒られるより心配してくれることを知る。また友人が家に来て床にホコリが落ちているのを拭いたりするのを見て，家が汚れているというのを，初めて感じることになる。このようなわずかな雰囲気の違い，母親の態度への違和感というのを少しずつ感じ始めている。それは思春期になると，さらにはっきりとしてきて，母親に反発する。しかし，中には，「永遠の罪悪感」にさいなまれて自立や反発の芽を摘み取られ，親の期待に沿うことこそが一番という「母親の代理走者」として過ごしていて，その違和感，反発すらも感じにくい娘もいる。それでも多くの娘は，その違和感，反発を何らかの形で母親にぶつける。Aさんで言えば，夜な夜な部屋にやってきて，奇妙な話を聞かされるのを，母親にやめてほしいと訴えている。

Bさんも小さい頃は母親が間違っている，おかしいとは思っておらず，自分が悪いからダメなのだ，怒られるのだ，と思っていた。しかし，ピアノの練習をしていなくて顔をパチンと叩かれたことを理不尽な態度と認識するようにな

151

り，自らの思いをそのまま母親にぶつけるようになる。家には誰もおらず，誰にも相談できず一人で我慢して過ごしてきたこと，相談しても冷たくされてそれから話しにくくなったこと，Bさんが言いたいことは，母親が想像しているようなことではなくどこかズレており，わかってもらえていないと感じていること，を何とか言葉にして伝えようとしていく。

　このように，まずは娘が，自分がこれまで感じてきた違和感，不満や怒り，理不尽さに耐えてきたことを内省し，しっかりと言葉や態度で母親に伝えることが，母娘関係の変容へとつながる可能性がある。ただし，このように内省することは，さまざまな感情を伴うことがあり，場合によっては情緒的に不安定になり，抑うつ的になったり，問題行動を起こしたりして，日常生活への影響が出てくることも考えられる。

　このようなAさんやBさんの思いは，ほとんど母親には届かず一蹴されることになるのであるが，まずは娘から，母親との関係における違和感，窮屈感，さらにはわかってもらえてないと感じる思いを，意識することが，母娘関係が動いていき，変容する出発点である。さらに，その違和感，わかってもらえなさを，勇気を出して伝え，繰り返し訴え，表現していく。それは，一過性の反発であったり，沈黙・無視による心理的な反発であったり，Aさんのように非行に走り，反社会的な問題行動として表現される場合もある。いずれにしても，娘としては，今の母親との関係は窮屈であり，不満であり，できれば離れたいという意志を表現し続けることが大切である。

　その際に，母親が娘のこの思い，メッセージをどのように受け止めていくかが，最大のポイントであり，母親が母娘関係を上手に生きていく第2のポイントである。

　このような娘の訴え，反発に対し，以下のような母親の反応が考えられる。
a）全く相手にせず，見ようともせず，封殺してしまうか
b）少しは何かを感じ，わかろうとするが，それでも何を言いたいのかわからずに一蹴してしまうか
c）もう少しわかろうと，子どもの発言や行動に目を向けてみるか
のいずれかで，事態は大きく変わる。つまり子どもの発言，行動をそのまま感じ取り，母親自身がどの程度内省できるかである。渡辺（2016）が，愛着の世

代間伝達を断ち切り，逆境を越えて健全に子育てができる母親になるには，自己のありのままの実態をしみじみと振り返ることができる「内省的自己」を育んでいく必要があると述べることとも通じる。

(2) 内省することとその痛み

この内省するとは，どういうことであるか。それは，自分の心のありよう，つまりこれまで長年多くの人との関係の中で形成されてきた心の凸凹，心の地殻・地形を理解し，それが周りの人に対しどのように映り，またどのような影響を及ぼしているかを理解していくことである。

これは，言葉でいうのは簡単だが，実際に，人が自分の心のありようについて目を向けて，理解し受け入れていくのは至難の業で，時には命をかけるぐらいの作業になる。

Ａさんは学生時代，家を出て一人で暮らすが，母親に対する怒り，わかってほしいという思いは変わらなかった。結婚してからも母親への不満，怒りを訴え，最近になりようやく小さい頃の母親の暴力，暴言について謝ってほしいと訴えるが，母親は「忘れた」というだけで，全くその頃の体験について，振り返り，内省することはなかった。母親の精神的な不安定さがあり，内省そのものが難しいという状況ではあった。Ａさんの思いは，母親が内省という営みを持つことができない中でますます傷つき，関係としてはそれほど変わることはなかった。一方で，母親としてのＡさんは，面接において，自分の嘘をつく行為や，夜中抜け出してひとりでふらついてしまう行動の意図・動機について内省を深めることで，家族内での関係，特に夫や長女との関係も少しずつ変化が見られる。「自分は，折れることができない，やさしい人間になれない，我を張り通す。今まで，さんざん痛い目をして生きてきたので，人にやさしくなどできない」と語り，自分がやさしくできない，我を張り通してしまうことを実感として語り，言葉にしていく。さらに，「甘えて構ってほしいところがあった」と過剰に夫に期待してしまい，それが夫を苦しめ，夫婦の関係が混乱していたことも少しずつ理解していく。

Ｂさんは，面接において，小学校の頃，いじめにあって母親に相談した時の傷つきやピアノの練習の際顔を叩かれたことなどを思い出し，「思い出すと腹が立つ」と怒りの実感を込めて語り始める。そして，その思いをそのまま母親

にぶつける。母親の思いはどこかズレており，わかってもらえてないと感じているることを，何とか言葉にして伝えようとしていく。このようなBさんの内省に対し，母親は少し混乱し，動揺しながら娘と一緒に面接にやってくる。そして，その後家での娘とのやり取りで，今まで聞かされることのなかった娘の不満や思いを聞くことになり，母親自身も責められるように感じて，怒りや不満が爆発し，Bさんを責めることもあった。それでも，母親は，何とかBさんを理解しようとする姿勢も見せる。5回目の面接で，再び相談室にやってきて，ショックを受けて動揺していることを素直に語る。また，Bさんがここまで苦しんでいることを知らなかったこと，気を遣う子で親の様子をうかがいながら話をすること，こちらが聴けるという時に話をするところがあること，などBさんに対する内省を深めていく。そして親として，話を聞く受け入れ態勢が大切であることを実感し，理解を深める。この母親の内省により，おそらくBさんの母娘関係は，大きく変化することになったのではないかと思われる。

　D子の場合も同じであった。D子もパニックになり学校に行けないという形で，自分の不調を訴え，さらに「貧乏はいやである」と，家の現状に対する不満や，自分でもよくわからないが何とかしてほしいという思いを手紙にして母親に伝え，また過去にいろいろとあった家を転居したいという思いを，率直に母親に伝えている。このD子の思いに対し，母親は，高校は行ってほしいと伝えて傷つけることもあったが，D子の思いを感じ取り，できるだけそれに応えようと取り組んでいく。そして，これまでの家族の歴史を振り返り，Cさんとd子の間に自分と母と同じようなパラレル・パターンが起こっていることを理解していく。母親（Cさん）は，D子が「自分と同じ苦労」をしていることを思いやり，さらに自分の体験と同じようなことを結局D子にも，繰り返させてしまっていることに目を向け始める。Cさん自身，家庭，一家団らんというイメージがなく，必死にそれを追い求めてきたことが語られ，子どもへの接し方について内省を深めていく。このことは，プラスの効果として，弟までもが，体重が増えたことをきっかけに，家族に対する違和感，母親への不満を言葉にしている。Cさんは，さらにショックを受け，これまでの家族のありようについて，目を向けていく。そして，「大津波が来たこの一年だった。こっちが，頭がおかしくなるのではと思った」と語りつつも，これまで誰にも言えなかっ

た，心の奥にしまって，見ないようにしていたＣさん自身の不安・恐怖を，言葉にし内省することができた。この大津波は，この時期に来るべくしてきたということもでき，もう少し早い時期であれば，Ｄ子自身が混乱から不安定になり，Ｃさんとの相互作用が起こりえなかったかもしれない。また弟もそこまでの意識の高まりがなく，何が起こっているかもわからないまま家族の混沌とした状況にのみ込まれ，動けなくなっていたかもしれない。つまり，このような家族風土に関する内省は，かなりのインパクトがあり，家族の崩壊，あるいは家族メンバーの精神的な混乱や崩壊を招くほどのエネルギーを秘めているので，そこに目を向ける時期はその家族の意識の流れ・タイミングによって決まってくるのである。

　⑶　親の生き方に寄り添った内省の促し

　このような母親の内省を促し，支えていくためには，どのような関わりや環境が必要であるか，考えてみたい。これまでに見てきたように，母親の考え方，態度は，それまでの長い年月の中で築き上げられてきた多くの地殻変動による地形，幾重にも折り重なった地層の上にできた表層体として理解できる。それはそう簡単に変容できるものではないので，まずはその母親のこれまでの心の地形の成り立ちを感じ取り，母親自身の関わりをねぎらうことが基本である。

　さらに，人が自分の心のありように目を向けるのは，現実にはあまりない，不慣れな，難しい作業である。自分の態度や発言に目を向けるには，これまでの生活，人生を一度立ち止まり，振り返るという作業を伴う。内省を促すとは，その人の態度や発言のあり方そのものに目を向けることで，最終的にはその人（母親）の人生に寄り添うことになる。

　母親と娘の心の重ね合わせにより，心の軋轢，痛みを感じた娘から違和感が表明され，反発を受けた多くの母親はショックを受け，混乱する。それが最初の立ち止まりのチャンスとなり，解決の最も理想的なパターンである。

　娘からの違和感の表明，反発に対し，そのことを一人で抱えるのではなく，夫あるいは第三者である親，きょうだい，親族や心許せる友人などに，話してみることが大切である。誰かと話をすることで，まずはその娘との関係・状態を相対化することが可能になる。その状態を第三者の目で眺めてみて，客観的な意見をもらったり，本で調べてそれに名前を付けてみたりすることもできる。

娘からの反発や反抗は，一般的には，子どもの自立への芽生えであり，第二反抗期として理解される。さらに虐待やドメスティックバイオレンス（ＤＶ）であったり，アダルトチルドレン（ＡＣ）という概念を知ったりすることで，母親自身が特異な家族関係や自分が歩んできた人生の出来事を知り，今の娘との関係が，通常とは少し違う，特異な事態であるという認識が深まることもある。

　信田（2008）は，母親への支援において，家族を相対化し，その「仕組みと構造を知る」ことが大切であると述べている。家族とは，万古普遍ではなく，世界共通でもなく，母性本能といった，本能的に組み込まれているものでもないというのを知ってもらうことが必要である。家族や親子関係は，個々の家族により全く異なっており，理想的な親子関係，家族などというものはない。あるのは親の心の島と子どもの心の島の重ね合わせにより，さまざまな形で織りなされるその家族特有の心の地形の形成であり，その地形に善し悪しがあるわけではない。ただ，そこにどのような地形があるかを知っているだけでも母と娘の関係においては大きな変容になり得るのである。

　次に，母親の内省を促す具体的な視点としては，親の期待のところでも述べたように，まずは母親が子どもにどのような期待をしているか，またそれはあくまでも母親自身の期待である，ということを認識するために，「主語を付ける」ということが推奨される。つまり，学校に行ってほしいという期待を示す時に，「私（母親）は，学校に行った方がいいと思っています」「私は，学校に行けなくても塾には行った方がいいと思う」というように，それは誰の期待であるかが，主語を付けることで明確になるのである。このような発言が出てくると，"それは子どもの思いとは，少しずれているかもしれない"，"子どもがどう思っているかはわからないが"というような前提が含まれていることに気づける。そうなると，「では子ども（娘）自身はどう思っているか，聴いてみましょうか」ということになる。これは，信田（2008）がグループカウンセリングの中で行う掛け捨ての保険といわれるもので，「I-message をする」ということとも通じる。母親が，「私は」と言うことで，子どもや夫も他者性を帯び，少し距離が取れるようになるのである。

　母娘関係を理解していく上で，もう一つの視点である距離というものが，ここでも重要になってくる。母と娘のほどよい距離というのは，なかなか見えに

くく，とりにくいものである。心の島の重ね合わせでいうと，あまりに近づきすぎると，母親の地形である鋭く尖った山の頂が，娘の地殻を激しく押し上げることになる。地殻の下のマグマの動きが活発化しすぎると，大きな地殻変動が起き，断層や地殻の割れ目から溶岩の噴出という事態になったり，大きな地震となったりして，心の島そのものを崩壊させることになる。したがって，母と娘は，大きな地殻の変動を起こさない程度の距離をとり，太陽の光や風雨によって時間をかけ少しずつ地表面が削られ，肥沃な土地が表面を覆うような環境が作られるのが望ましいと思われる。

　最後に，親の期待で述べたように，親の期待を諦めることは，その期待のあり方を「明らめる」ことでもあり，親が子どもに何を期待し，それは親のどのような状況や経緯から生まれてきたのかを，明らかにするところがある。信田（2008）は，グループカウンセリングにおいて，親の隠されたテーマが語られることがあると述べている。母親は，長年原家族の中で，子ども（娘）として成長してきており，その間に多くの地殻の変動を重ね，独自の心の地形を形成してきている。その心の地形が，子どもとの関係，特に娘との関係において大きな地殻の変動を引き起こし，軋轢や摩擦を生じることで，重要なテーマとして立ち現れてくるのである。母親は，娘との体験に目を向け，内省を深めることで，母親自身の心の地形の形成にかかわってきた体験やエピソードを思い出し，自身の心の地形のあり方への理解を深めるのである。

　(4)　娘が親の「心の島」をなぞること

　母娘関係を理解していくことは，結局娘が母親自身を理解することであり，その心の島をなぞることになる。娘は，母親の心の島をなぞりながら，それとは異なる地形を形作りたいと願っているが，娘自身の心の島に目を向けてみると，母親とほぼ相似的に重なっており，抗いようのない影響を受けてきていることを，実感することになる。

　高石（1997）は，大学生女子との面接において，クライエントが「伝達」する母娘物語の筋書きは確かに安易な変更を許さないし，セラピストはその登場人物として，与えられた役割を忠実に演じてしまいがちである。しかしセラピストは，しばしばそうした役割を演じきらない（あるいは演じきれない）ところがある，と述べている。娘が面接場面で母娘物語を再現しようとする裏に

は，それを脚本通りにはセラピストに演じてほしくない，むしろそれを越えた演技を期待する気持ちが潜んでいるのではないだろうかと指摘している。娘は，心のどこかでこの抗いようもない自分の人生の脚本を，書き変えてほしいと願っているのではないかと考えられる。それは十分に可能性があることであるが，セラピストとしては，相当の覚悟と忍耐強い関わりが求められる。

　Ａさんの母親は，精神的に非常に脆いところがあり不安定さを抱えていた。そのことでＡさんは深い傷つきを負い，鋭く尖った山岳地帯のような心の地形（外傷）を形成していた。それは，娘（長女）との関係においても，多大な影響を及ぼし，娘の外傷体験となり苦しめていた。しかし，Ａさんは，そのような娘との関係を内省することで，自分と同じことを娘にさせていることを感じ取る。自分が母親との体験の中で得られなかった思いを娘に期待し，さらにそれに応えてくれない時は，抑えがたい怒りが湧いてくることを感じ取っていた。「私すごく猫を被っていると思います。本当はもっと衝動性があると思います」と語り，自分の中でも，やさしさと攻撃性が拮抗し，どうしようもない怒りが湧いてくることを認めていく。Ａさんが長年，母親との格闘の中で培ってきた感覚であり，ＡさんとＡさんの原家族が長年背負ってきた家族のテーマである。それはこれまで誰にも語られることなく，ずっと家族内で秘密にされ（家族秘密），Ａさんの心の奥，つまり心の地層の奥深いところに埋め込まれたままになっていた。しかし，その埋め込まれたマグマの激しいエネルギーのために隆起した地形をなぞるようにして，娘（Ａさん）や周りを苦しめていることを内省したことで，Ａさん自身の家族の歴史を振り返ることができたのである。

　Ｃさんも，母子家庭で苦しい生活でも，節約して，年に一度は家族旅行をするようにしてきたという思いを語った。その背景には実母とのいやな思い出があった。実母はいつも酔って帰って来て，父親とケンカしていた。朝食を作ってもらった記憶もなく，朝は食べずに学校に行くのが普通であった。そして，突然実母は家を出ていき，その後父は再婚したが，継母とはどこか気を遣う関係で，「お母さん」と呼ぶこともなく過ごしてきたというＣさんの体験があった。このようなつらい体験を心の奥にしまい込み，幸せな家庭を築きたいと必死で頑張ってきたのであるが，娘が中学生になり，学校に行けない状況から，

第6章 母娘関係を上手に生きるために

一気に母娘関係に向き合うことになる。そして，内省を深める中で，母親自身の抱えてきた娘としての実母，継母との関係が，再び目の前に現れ，面接において語られることになったのである。

　このように，母娘関係は母親の隠されたテーマを浮かび上がらせ，娘がそのような態度・発言をする母親の心の島をなぞりながら，何とか理解しようとしている事態とも考えられる。母親の傷つきが多いほど，そこには多くの地殻変動の痕跡があり，険しい山や渓谷が形作られている。それがそのまま娘の心の島に影響し，娘自身も傷つきながら，同じように凸凹の激しい地形を形成していく。

　母親が内省を深め，自分の親との関係や隠されたテーマを語ることは，母親自身が新たな発見をし，成長するきっかけであり，娘との心の重ね合わせによる摩擦や軋轢を通して，自らの心の凸凹に気づくことで，母親自身の変容にもつながるものなのである。

6　『逃げ場所』と『相対化』としての第三者の存在

　母娘関係を理解し，そこに新たな風を送り込むには，母娘の二者だけでは限界があり，母娘関係以外の第三者の存在，関わりが重要になる。母娘関係をめぐる理解では，これまで見たようにその距離感が重要な視点であり，一体化し，癒着・密着した，他者性の入りにくい関係において，第三者の存在，そしてその役割・機能が重要な意義を持つ。その一部については，第2章および第6章4節において，父親の役割として検討した。ここでは，さらにその機能を父親（夫）から広げて，母娘関係に影響を及ぼす他者として，きょうだいや祖父母，親戚，母親の親友などの身近な存在について検討し，さらにその先にいる第三者としての専門家の役割について，検討する。

1）きょうだい・祖父母・親戚の関わり

　母娘関係における父親以外の家族で，娘（子ども）にとって，最も身近で同

じような立場にいるのは，娘のきょうだいである。しかし，それは同性である姉妹か，異性である兄弟かによって，意味合いは微妙に異なってくる。異性のきょうだいの場合，母娘と母息子という全く異なった関係になるからである。母親にとっての，娘と息子の違いは第1章ですでに述べたように，全く異なった，つまり意識や関わり方が全く違う存在として感じられるのである。

　D子は，弟がいるが，同じきょうだいでも母親との関係は全く違っていた。長女であるD子は，かなり母親に気を遣い，ひとり親家庭という家族がおかれている厳しい状況等も十分に理解し，母親の期待に応えようとして頑張ってきている。一方，弟も母親を気遣っているが，転校することは絶対にいやだと自分の気持ちを素直に表現し，また太ってきていることについて，「これはストレス太りなんだ，家に一人でいてさびしくて，ついつい食べてしまう。でもお母さんにさびしいとか言うと困るだろうと思って言えなかった」とその思いをストレートに母親にぶつけている。弟（息子）もおそらく，D子と同じような環境で育ち，母親との心の重ね合わせにより，同じような感覚を持って育っており，家庭内でのさびしさや窮屈感を感じてきたはずだが，母親との距離感，とらえ方は，母娘とは微妙に異なっているので，ここまで素直に気持ちを表現することができたのである。このような母息子のストレートな会話は，母娘であるD子との間では，なかなかできないことであるが，弟が自分の気持ちを伝えることで，D子の代弁者ともなり，母娘関係に新たな風を送り込むトリックスター^(註)的な存在となることもある。つまり，きょうだい（兄弟）は，トリックスターとして機能し，母親の気づきや内省を自然な形で促すことで，結果として母娘関係に微妙な変化を生み出し，新たな次元へと変容させていく可能性を秘めている。

　次に，いつも家族内にいるわけではない祖父母や親戚のおじ，おばなども，第三者的な機能を果たしうる。まず，祖父母やおじ，おばは，娘から見た位置づけであり，親族ということになるが，母親から見れば，自分の親やきょうだい（母方の親戚の場合）であり，小さい頃から共に過ごしてきた家族の一員で

註：神話や民間伝承に現れるいたずら者・秩序の破壊者でありながら一方で創造者
　　であり，善と悪など矛盾した性格の持ち主で，対立した二項間の仲介・媒介者
　　の役目を果たす。

第6章　母娘関係を上手に生きるために

ある。その祖父母やおじ・おばは，母娘関係に行き詰まった時，あるいは違和感を持った時に，娘にとって一時的に，母親の心の島の地形とは，似ているがまた少し違った別世界の心の地形を体験できる場所として，貴重な逃げ場所になることがある。Bさんは，学校に行くのがしんどくなり，母親が帰ると聞いてパニックになった時に，泣きながら祖母に電話し，叔母に迎えに来てもらい，その後祖母の家で2日間過ごしている。その間に祖母や叔母とも話をすることができ，母親に会う前に一呼吸置くことができたのである。このような一呼吸おける「逃げ場所」としての空間を持てることが，母娘関係においては非常に貴重であり，第三者のもつ重要な役割である。

　日本の高度経済成長に伴って，3世代を中心とした大家族から，親と子の世代を中心とした核家族化が進んできている。少子化で夫婦と子ども一人という，父―母―子（娘）という家族形態が多く，祖父母や親戚との関係は，少なくなってきていることが，母娘関係の難しさにおいて大きな影響を与えている。つまり，大家族においては，母娘関係に違和感を持ったり，行き詰まったりした時に，「逃げ場所」として近くに祖父母がいたり，おばさんがいて話を聞いてくれたりした。祖母は，母親の親で母親のことをよくわかっている存在であり，なぜ母親が不機嫌になったり，きつい口調になったりするのかを，小さい頃から見ていて，母親自身について娘（孫）に語ってやれる存在である。母親のことを，少し客観的に聞くことで，娘の知らない母親の別の世界（側面）が見えてくるようになり，娘は母親との距離を取ることが可能になる。もっとも，そこは母親と祖母との関係性が重要であり，両者に深い溝があったり，激しい葛藤があったりすると，祖母と話すことでかえって母娘関係が錯綜し混乱する可能性もある。おばは母親のきょうだいであるので，母親がどのような体験をして，どのようにして心の地形を形成してきたのかという母親自身の性格や特性の形成プロセスを，同じ環境で育ってきたという立場から聞くことができる存在である。娘が母親について，少し冷静に，どのような体験を経て，今の心の地形・地層（感情の起伏の激しさや譲らない頑なな態度など）が形成されてきたのか，母親はどのような少女時代を歩んできたのかを理解することで，母親と自分との関係を，少し冷静に，お互いを眺められるようになる。このような体験は母娘という一体化した関係を超え，女性対女性としての人間的な興味と

関心を持って，母親と向き合うことにつながる。このように，娘自身が母親のことを，一人の女性，人間として理解していくことは，これまでの母娘関係が大きく変わるきっかけになりうる。信田（2016）は，これを「母親研究」と称して推奨している。

　他方で，母親の視点から考えると，娘からの反発や苛立ちとして，さらには学校や仕事に行けないという形で示される問題行動などで母親への不満が語られたとき，相当の動揺，混乱に陥る。その不安定な状況を支えるものとしての第三者（祖父母・おば等）の存在，役割は大きい。ただし，多くの母親は，家の中のことを家族以外の第三者に相談するのは大きな抵抗があり，恥ずかしさや不安，恐怖すら感じるときがある。家族から外に出せないとなると，最も身近で話せる相手は，夫（父親）であるが，その夫から，一方的な暴言を受けていたり，無関心で何を話しても真剣に聞いてもらえなかったりする場合などは，話しても無駄だということになる。そうなると，相談する相手は祖父母やおばということになるが，現在の家族を見ていると，そのような大家族的なつながりを持っている家庭は少ない。Aさんの小さい頃も，父親に母親のことを訴えても，全く取り合ってくれず，かといってそれ以外に話せる人はいなかった。Bさんの母親は，祖母やおばとのつながりがあり，話を聞いてもらうことができた。D子はひとり親家庭であり，母親はほとんど一人で家族を支え，頑張ってきていたので，それ以外の第三者が関わることはほとんどなかった。

2）近隣の大人や友人との関わり

　さらに，家族以外である近所のおばさんや幼なじみ，学校の親友なども，娘にとって「逃げ場所」としての第三者の機能を持っている。Aさんは，小さい頃母親から怒られ，怖くなった時は，近所のおばさんの家に逃げ込んでいる。まだ，地域とのつながりがあった頃は，家で何かあると，近所の家や友だちの家に逃げていくことができた。また，親の知り合いの家族と一緒に出かけたりして，家族ぐるみで仲よくしている子どもやその親との関係も第三者的な関係として考えられる。近所や親しい家族との体験は，娘にとって自分の家での関わりとは異なった対応を経験することになり，少し楽になったり，こんな家も

第6章　母娘関係を上手に生きるために

あるのかと，母親との関係を少し冷静に見られるようになったりするのである。つまり，第三者の存在は，単に一時的な逃げ場所，冷却期間としての機能だけでなく，母娘が置かれている状況を冷静に眺め，その特異性や家族のありよう，他との違いを明確に提示してくれる「相対化」というもっと重要な機能もある。

　Aさんは，友人が家に来てほこりをふき取ったのを見て，また学校で怪我をした時，親に怒られるという心配をして友だちに不思議がられて，驚いている。このように，自分の家で普通だと思っていたことが，第三者に出会うことで，うちはよそと違うのだという，家の特異性や他との違いを認識することで，自分の違和感は間違っていなかったのだという実感を娘たちにもたらし，親や家族に対する違和感，反発を表明させるきっかけになっているのである。自分の家の特異性を感じとることはなかなか困難であり，それを空気のように当然として生きている家族のメンバーにとっては，その空気を異質なものとして受け取ることは，不可能に近い。そのような時，他の家，他の家族との接触の体験があり，特に寝泊まりを含めた数日間，滞在するような他の家での体験は，娘にとって自分の家を相対化する貴重なものになる。Bさんはパニックになり，祖母の家で数日過ごしている。そこは「逃げ場所」でもあるが，それだけではなく，そこでの体験は家での体験とはまた全く異なったものであったと考えられる。

　大家族を中心とした家族関係や地域のつながりが強い時代は，お盆や正月は従兄弟の家（つまり親のきょうだいの家）に泊まりに行くことがあった。しかし最近はきょうだいの数も少なくなり，親戚の家というより，母親の学生時代からの友人の家族や父親の職場での仲のよい同僚家族と，家族ぐるみで付き合うことも多く，一緒に食事に出かけたり，キャンプや旅行に泊まりがけで出かけたりすることもある。そのようなとき，よその家の子どもたちと，一晩共に過ごしながら，語り合い，親ではない別の大人に出会うことは，密着して息詰まるような母娘の関係において，少し距離が持てる新鮮な体験となる。別の食事のスタイルや会話の雰囲気があるのを，肌身を通して実感していくのである。そのような家での体験とは異なる感覚を持つことで，母親と一体化していた娘は，これまでの母との関係を冷静に感じることができ，微かな違和感，不全感を確かなものとして，やがてそれを母親に伝えてぶつけるときが来るのである。

163

母娘関係において，第三者の存在は，娘にとっては一時的な逃げ場所であり，またそこで話を聞いてもらえる癒やし，支えの場でもある。さらに第三者の家に行くことや泊まることは，自分の家を少し客観的に眺め，母親との関係も少し冷静に見られるようになる『相対化』の貴重な体験であり，密着した母娘関係に，新たな風を送り込む"間"を生み出すのである。

3）専門家の関わり

母娘の錯綜した関係の中で，何が起こっているかを理解し，内省を深めるには，父親を含めた第三者に話をすることが第一である。特に，家庭内のことであるので，多くは祖父母や親のきょうだいなどの親戚，あるいは母親の親友などに話してみることが多いだろう。母親が話を聞いてもらおうとすること，そして，どうしたらいいかわからないと困り，悩むことが，内省を深める第一歩である。しかし，実際には，身近に話せるような第三者がいないというのが現実である。そのような相手がいないので，さらに母娘関係は閉鎖した空間で密着し一体化し，ますます他者が踏み込めない，強固な閉鎖的空間や家族の独特の雰囲気を作り上げてしまう。そうなると，そこに関われるのは，身体症状や問題行動の発生を契機とした専門家としての第三者になる。Aさんは小さい頃母親から毎晩訳のわからない話を聞かされている。これはAさんが望んだように医療機関に連れていくことができればよかったと考えられる。Aさんの母親が，医学的な治療を受けることができれば，おそらくその関係や家族の雰囲気もずいぶんと違ったものになっていた可能性がある。Bさんは，パニックとなり，病院を訪れ，筆者とのカウンセリングが開始された。D子は，不登校になり，母親であるCさんが，スクールカウンセラーをしていた筆者のもとに相談にやってきた。

このように母娘関係は，中学時代から高校にかけて，その違和感が高まり，息苦しさ，窮屈感が広がる中で，母親への反発，不満が表面化してくる。しかし，子どもは，初めは母娘関係の息苦しさというよりも，身体症状や不登校という問題行動として表出することが多い。思春期における子どもの身体的症状や心理的訴え，問題行動の背後には，多くの問題が含まれており，特定の要因

を限定して説明することはできないが，その中に今回取り上げた母娘関係が，主要なテーマとして含まれている可能性は高い。医学的な身体的，精神的症状を示しても，多くは心理学的な課題を多く含んだものである。したがって，投薬等による治療というより，カウンセリングを受ける方が，専門家としての第三者の関わりを促すことになる。現在，中学校や高等学校には必ずスクールカウンセラーが配置されているので，第三者である専門家に出会うチャンスは十分にある。

　母娘関係に行き詰まり，何かわからないが，息苦しさを感じている娘（児童・生徒）たちや，また娘との関係の取り方やその行動の意味が全くわからないという母親は，是非スクールカウンセラーのところに相談に行ってみることをお勧めする。専門家としての第三者の話を聞くことができるし，さらには母娘関係への内省を深めることで，お互いの理解が深まり，成長につながっていく貴重な体験となることがある。娘が母親との関係のとり方に苦しみ，また母親が娘への関わり方に悩んでいることは，多くの家庭で見られることである。まずは気軽にスクールカウンセラーに相談してみることで，これまで述べた母娘関係の多くの部分は軽減され，世代間伝達と言われるようなものは，形を変えて伝達されていく可能性がある。

7　共に育つ母娘関係：因果論を超えて

1）母娘生涯発達論：親子の和解

　母娘関係に関心があり，また実際にその関係に苦しんでいる娘たちや母親にとって，これまで述べてきたことが少しでも参考になれば，幸いである。しかし，母娘関係の難しさ，窮屈感は簡単に解消するものではなく，また簡単に解消されるべきものでもない。

　娘は，母親という絶対的な存在の下で，心の重ね合わせという庇護の中で生きていかざるを得ないので，母親の持つ感覚や言葉，態度から多くの影響を受ける。それは，避けて通れない道であり，なぜ母親はここまで自分を苦しめ，

また自分の苦しみをわかってくれないのだろうかと，自問自答し続けることになる。このような内省を深める中で，次第に母親のこれまで長年積み上げられてきた心の地形，地層が，次第に感じられるようになり，明らかになる。そして，その際には，第三者（父親や専門家）による理解，関わり，そして内省の促しにより支えられながら，母親自身を少し相対化し，一人の女性として，また一人の人間として眺められるようになるのである。娘にとって，生きて成長していくことは，母親をどのように理解し，受け止めるかということと，ほぼ同義であり，これは生涯をかけて，取り組んでいく作業である。母親を理解し，受け止めるということは，そのまま娘自身が自分をどう受け止め，生きていくかということにも直結していくのである。

　では，これはいつまで続くのかという疑問について，佐野（2008）の『シズコさん』という本が参考になる。佐野は，長年母親との関係に悩み，嫌悪感さえ抱いていた母親との関係を綿密に内省し，最後は母親を老人ホームに入れてしまうということで，罪悪感を覚えながら，それでも消えない母親への嫌悪や怒りを抱えていた。80歳を超え，次第に呆けていく母親に接しながら，ある日母親のベッドにもぐりこみ，割り箸のようにくっついて横になった。そして，母親に子守歌を歌っている時に，突然涙があふれ出し，「ごめんね，母さん，ごめんね」と伝え号泣する。母親も，『私の方こそごめんなさい。あなたが悪いんじゃないのよ』と正気に戻ったように語る。そして，佐野の中で，何十年もこりかたまっていた嫌悪感が，氷山にお湯をぶっかけたように溶けていった，と述べている。そこに至るには，幾多の苦悩と悲しみを超えてきたと考えられるが，その苦悩こそが，佐野の作品を生み出した源泉とも言える。娘にとって，母親はいつまでたってもわかりにくく，見えない存在である。その違和感やズレを少しずつ感じ取りながら，伝え，反応を受け取りながら，心を重ね合わせる。そうすることで，母親そして娘双方が，少しずつ理解を深め，お互いにわかり合おうと内省することで，母娘関係は，生涯続きながら，少しずつ深化・変容していくのである。

第6章　母娘関係を上手に生きるために

2）母娘の相補性：因果を超えて

　母親は，子どもとして，また女性として，生きてきた歴史がある。その中で，多くの傷つきや喜びを体験し，幾重もの心の地層を重ねてきている。そして，夫と出会い，子どもを産んで，母親になる。しかし，母親は，あくまで一人の女性であり，最初から母親である人は一人もいない。母性神話で触れたように，女性が，母親としてうまく子どもに関われない，育て方がわからないというのは当然であり，試行錯誤の末に母親になっていくのである。その際に，母親は，心の重ね合わせという形で，自分が体験してきた多くの心の地殻，地形を子どもに伝えていく。これは，母親の生きた証であり，その鋭く尖った岩山や沼地のように足場の取れない湿地帯であっても，それは母親の体験してきた現実として子どもに伝えられる。母親には，そのような意識はなくても，心に深く刻み込まれた地形，地層は，間違いなく子どもたちに影響を与えていくのである。
　母親は，その自分の心の地形を，自信を持って子どもに重ねていくことが大切である。そのためには，自分の心の地形を内省し，見つめることが必要である。それは，かなりの苦痛を伴う作業であるが，第三者，特に夫の支えによって，なされていく。また，母親は娘からの違和感の表明や怒り，嫌悪の感情を向けられることで，大きく揺さぶられる。時には，地殻に大きな変動を伴うような揺れを体験することになり，生死をかけた局面に陥ることもある。それでも，第三者の支えにより，娘と向き合い，内省を深め，自分自身の生きてきた歴史を振り返ることで，母親自身の地殻変動が起こる。険しい岩山の一部が崩れて，小石となり，そこに雨が降ることで石がくだけて砂となり，小川が流れることで平地ができてくる。そこに草木が茂り，緑に被われることで潤いと安らぎがうまれる。険しい岩山の心の島が，少しなだらかな丘陵地になることで，多少とも娘との関係は変容していくのである。
　このように，母娘の関係は，お互いの変容，成長のプロセスであり，お互いに揺さぶられ刺激を受けながら，共に進んでいく相補的な関係である。うまく関われない母親だから子どもが問題を起こすのだといった直線的な理解ではなく，娘の行動で母親も変わっていき，それでまた子どもも影響を受けるという相互循環的・相補的な関係では，誰が悪いというようなことは簡単には言え

167

ない。それは長い年月をかけ，少しずつ地殻変動が起こり，また長年の風雨で地表が削られ，草木が生えるようになる，根気のいる，長い長い時間をかけたプロセスである。そこには，母親の母親（祖母）の生きた歴史が重なっており，さらにはその前の世代の歴史も重なっている。母娘関係は，そのような長い歴史を背負った母親と，娘が向き合う中で，お互いに新たな地殻，地形を形成していく，相補的で実り豊かな，人間の成長のプロセスである。

　筆者は，これは母娘に限ったことではなく，人が生きて成長するとは，自分の親をどのように受け止め，理解していくか，という普遍的なプロセスであると考えており，その最もわかりやすい例が，母娘関係ではないかと思っている。

あとがき

　本書を，ここまでお読みいただいた皆さんは，どのような感想をお持ちになっただろうか。

　「そうそう，そんなこともあったな」，「なるほど，そんなふうに考えたらいいのか」と思っていただける方もあれば，「そんな甘い状況ではないよ」，「母娘を，まだよく分かっていないな」という声も聞こえてきそうである。

　ただ，そうやって，いろいろな感想を持っていただき，自分なりに考え，批判していただきながら，少しでも理解が広がるようであれば，望外の喜びである。このような本は，その人の受け取り方により，さまざまであり，それぞれの置かれた状況，感覚で読んでいただければと思っている。

　母娘，そして親子関係において，そんな強い期待を向けたり，親密な関係が生まれたりするのだろうか，むしろもっとドライな関係になっていくのではという感想をお持ちの方もおられると思う。

　しかし，人間関係が希薄になり，人とのつながりが持ちにくくなる中で，家族関係が持つ意味は，ますます大きくなってくると考えている。つまり，職場や学校での人間関係に疲れ，地域社会でのつながりがなくなる中で，最後に残るのは家族ではないかと思っている。あとがきを書く数日前に映画「万引き家族」（是枝裕和監督）を見た。そこには，血のつながりのない人々の間に，確かなつながりがあり，「家族」が存在していたように感じられた。人間の最後の癒やしの場は，やはり家族であり，親子関係，夫婦関係こそが，人間らしく生きられる最後の場所なのではないかと思う。それゆえに，あるいはそれだからこそ，この親子関係（特に母娘関係）が，息苦しく，苦悩に満ちたものであれば，人としての行き場を失うのではないかと危惧している。

　さて，本書を作成する上で，多くの方の理解と支えがあった。

　まず，学部の頃から家族関係に関心を持ち，卒論（家族風土），修論（期待

169

とあきらめ）と少し風変わりな私の研究テーマを認めて，支えていただいた村山正治先生（元九州大学教授）に心より感謝申し上げたい。村山先生は，人間性心理学における日本の第一人者でいらっしゃるが，家族療法にも関心を持たれ，九州大学に家族療法研究グループを作られていた。そのグループで中心的な存在としてご指導いただいた田中克江先生（現東亜大学）はじめ，多くのグループのメンバーにも感謝申し上げたい。

　次に，大学院においては，当時福岡教育大学におられた亀口憲治先生に，家族療法について直接ご指導いただけたことは，貴重な経験であり，感謝申し上げたい。毎週のように先生の研究室に通い，ワンウェイミラー越しに面接セッションを観られたことは，私のその後の家族面接の原点になった。また，すべての方のお名前を上げることはできないが，若い頃から毎年のように参加していた家族心理学会では，多くの先生方に貴重なコメントをいただき，刺激を受けてきた。家族療法学会でも，事例を発表し，十分に咀嚼できていなかった事例が，コメントをいただくことでまとまりを取り戻し，学会誌にまとめることができた。記して感謝の意を表したい。

　さらに，このような私の論考の導き手として，クライエントさんから学んだことが多く，今回はそのようなクライエントさんとの関係の中で生まれてきた貴重なエピソードを，いくつか練り合わせるという形でまとめた。多くの学びと感動をいただいたクライエントさんに感謝するとともに，私との面接が少しでも癒やしにつながっていればと願っている。

　また，本書執筆においては，金子書房の岩城亮太郎氏に大変お世話になった。私の突然の企画の提案にも，熱心に耳を傾けていただき，分かりにくい原稿にも丁寧に目を通していただき，的確な助言をいただいた。岩城氏の助言がなければ本書はこのような形でまとまらなかったと思う。記して感謝の意を表したい。

　そして，最後に私の日頃の臨床や研究を支えてくれている私自身の家族にも感謝したい。

　2018年盛夏

桃山城の見える研究室にて

内田利広

文献

秋光恵子・村松好子（2011）：父親の関わりが児童期の社会性に及ぼす影響．兵庫教育大学研究紀要，38，51-61.

American Psychiatric Association. (2013)：Desk Reference to the Diagnostic Criteria from DSM-5. American Psychiatric Association, Arlington, VA.

ボウルビィ，J.（著）黒田実郎・岡田洋子・吉田恒子（訳）（1977）：母子関係の理論Ⅱ―分離不安―．岩崎学術出版社．[Bowlby, J. (1973)：Attachment and loss, vol. 2，Separation：Anxiety and anger．New York：Basic Books.]

大東映美（2010）：母子関係と青年期の「甘え」との関連―高校生と大学生の比較研究―．京都教育大学修士論文（未公刊）．

藤田達雄（2003）：思秋期前の妻の孤独感と母子密着に関する研究―夫婦仲の良さと夫の仕事中心主義との関係に着目して―．名古屋短期大学研究紀要，41，75-86.

深谷和子・森川浩珠（1990）：父親像の因子分析的研究．日本家政学会誌，41（6），487-495.

Gendlin, E. T. (1964)：Focusing. New York：Bantam Books, Inc.（村山正治・都留春夫・村瀬孝雄（訳）（1982）：フォーカシング．福村出版．）

橋本やよい（2000）：母親の心理療法―母と水子の物語―．日本評論社．

裵岩秀章（2013）：母を許せない娘，娘を愛せない母．ダイヤモンド社．

猪野郁子・堀江鈴子（1994）：両親像について（2）―大学生の捉える父親の現実像と理想像―．島根大学教育学部紀要人文・社会科学，28，9-15.

菅野信夫（1987）：カウンセリングと父性．岡田康伸（編）子どもの成長と父親．朱鷺書房．

柏木惠子（編）（1993）：父親の発達心理学―父親の現在とその周辺―．川島書店．

柏木惠子（2008）：ジェンダー視点に立つ男性の心理学の課題．柏木惠子・高橋惠子（編）日本の男性の心理学―もう1つのジェンダー問題―．有斐閣．

春日由美（2000）：日本における父娘関係研究の展望―娘にとっての父親―．九州大学心理学研究，1，157-171.

春日由美（2003）：女子大学生の自己受容と父娘関係との関連．学生相談：九州大学学生生活・修学相談室紀要．5，49-56.

数井みゆき・遠藤利彦・田中亜希子・坂上裕子・菅沼真樹（2000）：日本人母子における愛着の世代間伝達．教育心理学研究，48，323-332.

Kerr, M. E., Bowen, M.（著）藤縄　昭・福山和女（監訳）（2001）：家族評価―ボーエンによる家族探究の旅―．金剛出版．[FAMILY EVALUATION: An Approach Based on Bowen Theory (1988)：W. W. Norton & Company. Inc.]

北山　修（1995）：環境決定論—達成困難としての〈本当の自分〉—．牛島定信・北山　修（編）ウィニコットの遊びとその概念．岩崎学術出版社．pp62-75.

北山　修（1997）：Ⅱ傷つきやすい母親たち（増補新装版　悲劇の発生論）．岩崎学術出版社．

小林弘子（1995）：内なる母娘関係の変容—抜毛を呈した女児の母親との面接過程—．心理臨床学研究，13（2），180-190.

高坂康雅・戸田弘二（2006）：青年期における心理的自立（Ⅳ）—心理的自立の発達的変化—．北海道教育大学紀要教育科学編，57（1），135-142.

倉光　修（1987）：父親像の変遷．岡田康伸（編）子どもの成長と父親．朱鷺書房．

牧野カツコ・中野由美子・柏木惠子（編）（1996）：子どもの発達と父親の役割．ミネルヴァ書房．

増井武士（1994）：治療関係における「間」の活用—患者の体験に視座を据えた治療論—．星和書店．

松平久美子・三浦香苗（2006）．中学生の父親存在感認識と情緒的自律の発達との関連．昭和女子大学生活心理研究所紀要，9，106-117.

森永康子・作間菜奈実（2000）：密着した母娘と夫・父親．日本教育心理学会総会発表論文集，42，108.

永井　撤（2004）：アジャセ（阿闍世）・コンプレックス．氏原　寛・亀口憲治・成田善弘・東山紘久・山中康裕（共編）心理臨床大辞典［改訂版］．培風館．

中丸澄子・篠原稚恵・坂本　萌・耒島千穂・上杉美和（2010）：娘の自己受容の源泉としての父親—3要因仮説の検討と父娘関係尺度構成の試み—．広島文教女子大学心理臨床研究，1，12-20.

中村伸一（2003）：1980年代末までの家族療法の潮流．日本家族研究・家族療法学会（編）臨床家のための家族療法リソースブック—総説と文献105．金剛出版，pp27-28.

中村伸一（1997）：家族療法の視点．金剛出版．pp171-180,

中村留貴子（2000）：コメント2　思春期とアイデンティティ．中村留貴子・渋沢田鶴子・小倉　清（責任編集）女性と思春期．岩崎学術出版社，pp53-58.

日本精神神経学会（日本語版用語監修）髙橋三郎・大野　裕（監訳）（2014）：DSM-5精神疾患の診断・統計マニュアル．医学書院．

信田さよ子（2008）：母が重くてたまらない—墓守娘の嘆き—．春秋社．

信田さよ子（2016）：母からの解放—娘たちの声は届くか—．集英社．

小川捷之（1985）：男らしさ女らしさ—性的アイデンティティ—．馬場謙一・福島章・小川捷之・山中康裕（編）エロスの深層．有斐閣，pp115-141.

大日向雅美（1988）：母性の研究．川島書店．

大日向雅美（1996）：子どもを愛せない最近の母親たち．大日向雅美・佐藤達哉（編集）現代のエスプリ342（子育て不安・子育て支援）．至文堂．

大日向雅美（2015）：増補　母性愛神話の罠．日本評論社．

大日向雅美（2016）：「人生案内」にみる女性の生き方―母娘関係―．日本評論社．

小此木啓吾（1982）：日本人の阿闍世コンプレックス．中公文庫．

斎藤　学（2005）：虐待（家族間暴力）の世代間伝達を断つ―レジリエンスの視点から―．治療，87（12），3155-3161.

坂口直子（2007）：虐待の世代間伝達の問題を持つ長期改善事例の援助分析―母親の養育行動の変容と看護師のかかわりを中心に―．子どもの虐待とネグレクト，9（2），236-245.

酒井彩子（2004）：今日の家庭における父親の関わりと父親役割尺度の作成―青年期前期の子どもを持つ家族を対象に―．人間文化論叢，7，461-472.

佐野洋子（2008）：シズコさん．新潮社．

下茂郁佳・桂田恵美子（2015）：娘の父親に対する評価に関する研究．関西学院大学心理科学研究，41，51-56.

菅佐和子（2005）：思春期心理臨床のチェックポイント．創元社．

鈴木慶子（2004）：近親姦の既往を持つパニック障害の女性との精神療法過程．精神分析研究，48（1），76-81.

高石浩一（1997）：母を支える娘たち―ナルシシズムとマゾヒズムの対象支配―．日本評論社．

田村　毅（1996）：家族システムと父親不在．子ども社会研究，2，18-32.

徳田完二（2009）：収納イメージ法―心におさめる心理療法―．創元社．

内田利広（1992）：登校拒否治療における「親の期待」に関する一考察―操作的期待・行き詰まり・あきらめ―．心理臨床学研究，10（2），28-38.

内田利広（2011a）：不登校女子生徒の家庭に見られた母子のパラレル・パターンについて―母娘関係における世代間伝達をめぐって―．家族療法研究28（2），150-157.

内田利広（2011b）：母娘関係における「期待」と「あきらめ」に関する一考察―不安発作から不登校に陥った女子高校生との面接過程―．心理臨床学研究，29（3），329-340.

内田利広（2014）：期待とあきらめの心理―親と子の関係をめぐる教育臨床―．創元社．

内田利広・高橋はづき（2012）：家庭における父親役割が子どもの母子密着及び心理

的自立に与える影響. 京都教育大学紀要, 121, 141-157.

内田利広・村山正治 (1992)：登校拒否に対する「家族風土療法」の試み―風土としての家族へのアプローチ―. 九州大学教育学部紀要教育心理学部門, 36 (2), 195-205.

鵜飼奈津子 (2017)：愛着と虐待の世代間伝達. 精神療法, 43 (4), 535-537.

渡辺久子 (2008)：子育て支援と世代間伝達―母子相互作用と心のケア―. 金剛出版.

渡辺久子 (2016)：新訂増補　母子臨床と世代間伝達. 金剛出版.

やまだようこ (2011)：「発達」と「発達段階」を問う―生涯発達とナラティヴ論の視点から―. 発達心理学研究, 22 (4), 418-427.

索引

あ

愛着　30
愛着障害　78
愛着パターン　30
あきらめ　22, 98
諦め　99
明らめ　24, 99
アジャセ（阿闍世）・コンプレックス　18
アダルトチルドレン　156
甘え　143
いじめ　93
異性性　56
違和感　128
因果関係　146
押しつけられた罪悪感　19
怨念　26

か

外傷体験　100
隠されたテーマ　159
家族システム　116
家族投影過程　116
家族の崩壊　155
家族風土　79, 116
間主観的体験　35
緩衝機能　40
間接的影響　38
期待　22
期待のあり方　95
窮屈感　145
共依存　11
虚言癖　127
空虚な存在　140
結婚　147

嫌悪感　166
原家族　117
心の重ね合わせ　141
心の島　142
根源的一体感　6

さ

罪悪感　8
自己愛性パーソナリティ障害　19
自己否定感　92
自己分化　116
自傷行為　127
質的な関わり　145
殉教者　11
少子高齢化　4
衝動性　127
情動調律　35
人生の先達　5
心理的距離　6
心理的離乳　41
スクールカウンセラー　164
成長モデル　150
性の交差　6
生物学的な差異　35
性役割観　38
セーフティネット　137
世代間伝達　28, 78
切断する役割　140
相互因果性　149
相互影響性　149
相互作用　109, 155
相互循環的　167
操作的期待　22
相対化　163
相補的　167

た

第一反抗期　13
第三者　142
対象支配　20
第二反抗期　13
他者性　159
男女の出会い　147
男性の未熟さ　133
地殻の隆起　147
地殻変動　148
地殻変動の痕跡　159
父親殺し　18
父親の機能　142
父親の存在　137
直線的　146
凸凹　159
投影同一視　11
独裁者　11
特権意識　20
トリックスター　160
鈍感さ　21

な

内省　97
内省的自己　115
内省の促し　155
内的作業モデル　30
内的な対話　57
なぞること　157
逃げ場所　161
似て非なるもの　147

は

パートナー　144
母親面接　85
母と息子　4
母娘のかみ合わなさ　98
パラレル・パターン　109
非正規雇用　4
夫婦関係　133
夫婦の軋轢　143
夫婦の関係　144
フォーカシング　100
文脈的関係性　146
分離不安　13
閉塞感　144
母子密着　22, 135
母性神話　16
母性本能　156
ほどよい距離　99

ま

間を置く　101
無自覚　148
問題行動　152

や

養育性　56, 137

ら

リフレイミング　109
連鎖　109

著者紹介

内田 利広（うちだ・としひろ）

1993年，九州大学大学院教育学研究科博士後期課程単位取得満期退学。博士（心理学），臨床心理士。現在，京都教育大学教育学科教授。著書に，『はじめて学ぶ生徒指導・教育相談』（共編著，金子書房），『期待とあきらめの心理』（創元社），『スクールカウンセラーの第一歩』（共著，創元社），『学校カウンセリングの理論と実践』（共著，ミネルヴァ書房），『学校カウンセリング入門第3版』（共著，ミネルヴァ書房）などがある。

母と娘の心理臨床
家族の世代間伝達を超えて
2018年9月25日　初版第1刷発行　　　　　　検印省略

著　者　内　田　利　広
発行者　金　子　紀　子
発行所　株式会社金子書房

〒112-0012　東京都文京区大塚3－3－7
電話03-3941-0111㈹／FAX03-3941-0163
振替00180-9-103376
URL　http://www.kanekoshobo.co.jp

©Toshihiro Uchida 2018

印刷 藤原印刷／製本 宮製本所

ISBN 978-4-7608-3268-2 C3011　Printed in Japan